Peter Schmidt
Træningsplanlægning
i håndbold

PETER SCHMIDT

TRÆNINGSPLANLÆGNING
I HÅNDBOLD

Citatet på forsiden er et ordsprog, der tilskrives den kinesiske filosof Konfucius (555 f.kr. – 479 f.kr.).

Træningsplanlægning i håndbold

Udgivet 2020 af Books on Demand GmbH, København, Danmark
Tryk: Books on Demand GmbH, Norderstedt, Tyskland

1. udgave

ISBN: 9 788743 026358

"Heldet tilsmiler den, der har forberedt sig"

Louis Pasteur (1822-1895), fransk naturvidenskabsmand, der opfandt pasteuriseringen i 1862; en metode til at forbedre fødevarers holdbarhed ved opvarmning.

Indhold

I min bogreol har jeg en hylde med bøger, hæfter og lignende relateret til håndbold. Behøver jeg sige, at dem, jeg selv har skrevet, står på hylden ovenover? … sikkert ikke…

Af alle de bøger, og ja, jeg har læst dem alle, både dem på dansk, dem på svensk og dem på andre sprog, så kan jeg umiddelbart kun finde tre, der beskæftiger sig mere end overfladisk med planlægning i håndbold. Det er "Håndbold" af Leif Christian Mikkelsen (2. udgave, udgivet 1987 på forlaget Clausen Bøger), "Håndbold – et åbent spil" af Ole Eliasen, Aksel Nørgaard og Jørgen Rasmussen (1. udgave, udgivet 1987 på Bogforlaget DUO ApS 1987) og "Træningsbogen i håndbold – 'træn rigtigt' " af Jørgen Gaarskjær (3. udgave, udgivet 1981 på forlaget ROAS). Bortset fra sidstnævnte, så ofres kun et begrænset antal sider i de tre bøger på emnet træningsplanlægning. Eller "træningstilrettelæggelse" som Jørgen Gaarskjær kalder det.

Bøgerne kan absolut anbefales, hvis de da kan skaffes længere. Selv om det er nogen år siden, de blev udgivet, så er håndbold nu engang håndbold. Hvis du ikke kan finde dem antikvarisk, så lån dem på biblioteket – altså forudsat at du ikke allerede er den glade ejer af en eller flere af dem. Jeg har selv brugt mine eksemplarer flittigt.

Når jeg søger på en af landets største online boghandler, SAXO.com, på "træningsplanlægning, håndbold" så får jeg 1 hit... ganske rigtigt, på *min egen bog*! "Rundt om bolden – en håndbog for håndboldtræner og spiller" (2019). Og ja, den indeholder et afsnit om træningsplanlægning (som i nænsom redigeret form også delvist er med i nærværende bog). Men for pokker da!

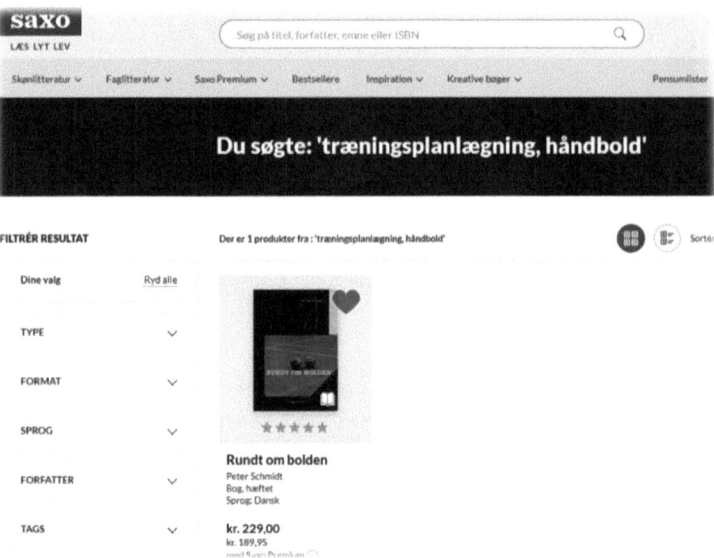

Jf. seneste tal, jeg har kunnet finde, fra Dansk Idrætsforbund (2018) over antal registrerede medlemmer i klubregi i respektive sportsgrene, så er håndbold landets 5. største sportsgren med 104.609 registrerede medlemmer, kun overgået af i rækkefølge:

1. Fodbold (329.922)
2. Gymnastik (200.490)
3. Svømning (189.977)
4. Golf (148.135)

... men med god margen ned til badminton på 6. pladsen (92.307).

Hvor vil jeg hen med alt det her snak om gamle bøger, min egen bogreol, "Rundt om bolden" og medlemstal i landets største sportsgrene?

Jo, jeg vil derhen, at det er præcist derfor, at jeg har skrevet den bog, du lige i dette øjeblik læser. Der er ikke så meget andet litteratur om emnet. Simpelthen. Og vi har altså med en af landets største sportsgrene at gøre! Efter at "Rundt om bolden" udkom, har flere sagt til mig, at jeg godt kunne have brugt lidt mere krudt på afsnittet om træningsplanlægning, men da det var tænkt som en allround håndbog, der skulle hele vejen rundt om trænergerningen, så ja, så prioriterede jeg anderledes.

Det håber jeg, at jeg hermed råder bod på. Nu får emnet sin hel egen bog i stedet. Og så lover jeg kun at nævne "Rundt om bolden" i teksten én gang til senere i bogen. Ellers ender det med at blive lidt for meget "ananas i egen juice"!

Du er her: Forside / Den Danske Ordbog / Ordbog

ananas i egen juice

OVERFØRT situation hvor nogen, især medier, kun er optaget af sig selv og undlader at inddrage andre
SE OGSÅ indspisthed

ORD I NÆRHEDEN

PRALE

selvhævdelse, showoff, høj cigarføring, her kommer jeg-attitude, selvpromovering, ananas i egen juice, overlegenhed, snobberi, snob, arrogance, åndshovmod, hovenhed, hovmod, fine fornemmelser, højrøvethed ᵁꜰᴼᴿᴹ namedropping, herrefolksmentalitet

fra *Den Danske Begrebsordbog*, kapitel 15

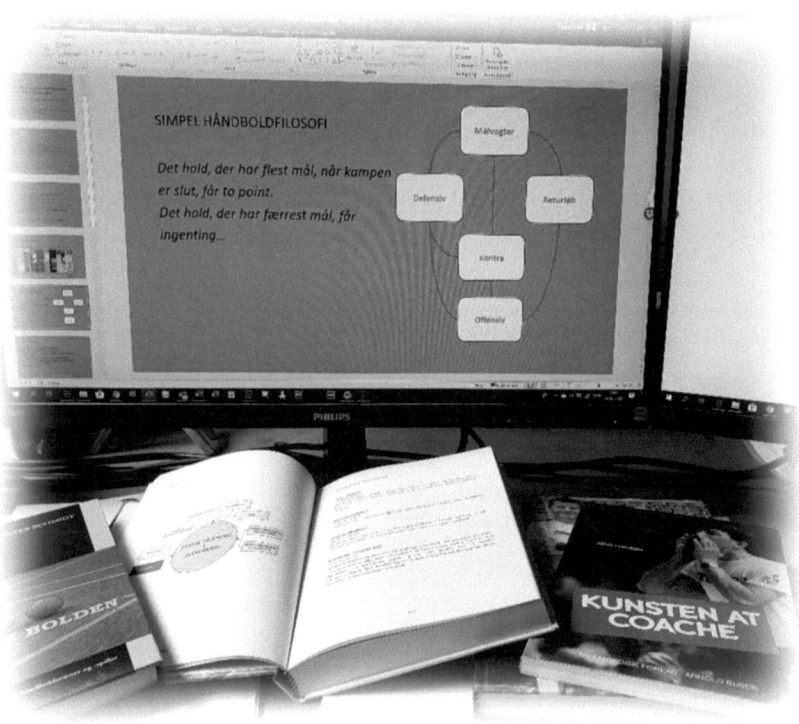

Hvorfor bør – skal! – du bruge tid på planlægning?

Træningsplanlægning... tja, jeg gætter på, at der er lige så mange måder at planlægge træning på og mindst lige så mange holdninger til, hvordan det skal gøres, som jeg har trænerkolleger i det ganske land. Og jeg er ret sikker på, at de fleste mener, at de gør det på lige præcis *den* måde, det skal gøres på: Den *rigtige* måde.

Jeg er til gengæld lige så overbevist om, at de har både ret og uret. Jeg er sikker på, at de fleste gør det på den måde, de mener, at det skal gøres. Jeg er ligeledes sikker på, at de ikke nødvendigvis har ret i, at det er den eneste rigtige måde at gøre det på.

Jeg vil på ingen måde stille mig an og gøre mig klog på, hvad der er rigtigt eller forkert. Jeg er rimelig sikker på, at der ikke findes noget rigtigt eller forkert. Der findes bare mange måder at gøre det på. Og det vigtigste er ikke metodikken, men at man forholder sig til sin træning af hensyn til det hold, man er sat til at træne. Ligesom for Egon Olsen i de gamle Olsenbandefilm fra Nordisk Film, så er det vigtigt at have en plan. Måske ikke nødvendigvis en genial plan, som han altid mente at have, men dog en plan. Hvis man ikke har en plan; hvis man planlægger sin træning fra gang til gang, uden at have et overordnet mål for øje, et formål med det man gør, så bliver træningen let tilfældig, ustruktureret og meget "på rutinen". Ikke nødvendigvis dårlig træning og ikke nødvendigvis spild af tid. Men sandsynligvis uden sammenhæng og udvikling.

Man kan som sagt sagtens træne uden planlægning, usystematisk og usammenhængende, og have en fest med det, have en sjov og god træning... det er på sin vis også fint nok... Det giver med største sandsynlighed bare ikke udvikling og fremskridt i et længere perspektiv. Med et lidt forslidt udtryk, så skaber det ikke resultater på den lange bane. Hverken for den enkelte spiller eller i tabellen.

Du kan godt – f.eks. ved mange uventede afbud, så din planlægning skrider – klare dig igennem en træning med vante, sikre elementer. Men det går altså ikke hver gang. Spillerne gennemskuer dig hurtig. Ingen planlægning kan sagtens give en god træning, hvor spillerne føler, at de har det godt og at de får "løbet og spillet" – isoleret set – men træning i et planlagt forløb giver bare på længere sigt en mere struktureret, brugbar og konstruktivt udviklende træning.

I stedet for at tage en håndfuld tilfældige øvelser efter en måske pludselig indskydelse få timer før træning, eller at improvisere hele vejen igennem dagens træningspas, så giver det ydermere ro, at vide hvad der skal ske fra gang til gang.

Som Charlie Batch, tidligere professionel amerikansk fodboldspiller for Pittsburgh Steelers, er citeret for at have sagt: *"Proper preparation prevents poor performance"*. Jeg tror, at han har en pointe der. Ser vi på træneren i træningssituationen – som er det, vi fokusere på her – så er det helt sikkert, at en god forberedelse, en god planlægning, også giver en bedre træning.

Jeg er ret sikker på, at de fleste er enige med mig i ovennævnte betragtninger. Jeg er ligeledes ret overbevist om, at de fleste elitetrænere i forvejen planlægger og at de er en del af den gruppe, jeg indledningsvis beskrev som værende dem, der mener, at de gør det på lige præcis den rigtige måde.

Det gør de sikkert også. I hvert fald på en måde, der føles rigtig for dem. Men selv en gammel cirkushest kan lærer nye kunster.

Og alle andre, alle mine bredde- og semielite trænerkolleger, kan sandsynligvis med stor sikkerhed nok samle lidt op hist og her, som de kan tage med sig i deres videre planlægning af kommende sæsoners træning.

Det håber jeg i hvert fald.

Konditionerne for bredde- og elitehold er forskellige. Væsentligst er tidsforbruget. Eliteholdene har klart bedre forudsætninger, da de ofte har mange flere træningspas på en sæson og dermed mere tid til fordybelse og bredspektret udvikling både kollektivt og individuelt. Kravene til dem er også højere, det skal man selvfølgelig huske på. Breddeholdene træner typisk ikke med samme frekvens. Ofte har de to, måske tre, træningspas om ugen.

Eliteholdene normalt flere og måske længere. Jeg kommer senere tilbage til, hvad en allround typisk håndboldtræning efter min mening skal indeholde og ret beset er det ikke så forskelligt fra elite til breddehold. Det er tiden til fordybelse, tiden til detaljen, der ofte gør forskellen. Kravene til dem er forskellige, javel. Men på hver deres niveau skal de igennem samme "program". Ydermere er spillerne på eliteniveau sandsynligvis på samme niveau. Det kan man ikke være sikker på er tilfældet på breddeniveau. Det stiller ikke nødvendigvis større krav til at planlægge, tænker du måske. Men jo, det gør det. Jo større afstand der er mellem spillernes niveau, jo mere skal du differentiere din træning; der skal tages højde for, at ikke alle kan det hele på samme niveau. Så én ting er sikkert: Planlægning er vigtig begge steder for at nå det hele og komme hele vejen rundt om den gode, udviklende og motiverende træning... *for alle spillerne.*

Vi skal hele tiden huske på, at legen med den harpiksklistrede bold er verdens bedste leg. Uanset hvor meget vi planlægger, hvor meget vi træner, så må vi *aldrig* træne lysten til at lege håndbold ud af kroppen på vore spillere. Derfor skal du selv i den bedste planlægning altid huske, at det skal være sjovt undervejs. Der skal være plads til latter og engang i mellem den sociale "3.halvleg" bagefter. I hvert fald for langt de fleste af vore børne- og ungdomsspillere og for alle dem, der ikke er hel- eller halvprofessionelle seniorer.

Og så skal vi huske, at vi – uanset hvor godt vi planlægger – *aldrig* kan planlægge os til succes. Der er to faktorer, vi ikke har styr på: Held og tilfældigheder. Men som en gammel talemåde lyder *"heldet kommer til den, der opsøger det"*, så kan vi begrænse vores afhængighed af held og tilfældigheder ved at være forberedt bedst muligt. Ved at planlægge.

Men... har du stadig samme indfaldsvinkel til planlægning, som de tre berømte aber... så behøver du ikke læse videre!

Træningsplanlægning

Planlægning i håndbold sker på mange niveauer.

På "makroniveau" planlægger du sæsonen som en helhed og på "mikroniveau" planlægger du det enkelte træningspas, ligesom du der i mellem opstiller mål både for holdet som helhed (kollektivt) og den enkelte spiller (individuelt).

Med udgangspunkt i figuren på næste side vil jeg i det følgende forsøge at lede dig igennem faserne for en sæsonplanlægning:

1. Forberedelse/grundlag
2. Analyse/behandling
3. Års-/detailplaner inklusive mål
4. Oplæg sportslig ledelse/trup
5. Træning
6. Revision/evaluering/korrektion

Der er to indfaldsvinkler til området:

1. Kontrakten er underskrevet, aftalen med klubben er etableret.
2. Ingen kontrakt, det er et oplæg til klub og spillere, der arbejdes på forud for en beslutning om du skal være deres nye træner… eller en anden skal (for at gå direkte til sagen…)

Jeg er udmærket godt klar over, at i den virkelige verden veksles mellem de to ovenstående scenarier: Enten er du hyret på forkant eller også er du på vej. Uanset hvilken vi taler om, så gør du nogenlunde det samme.

Faktisk er der også en tredje: Planlægning og måske oplæg for ny sæson med samme hold (fortsætte med nuværende hold). Men indhold, teknikker m.m. ligner første punkt, så bær over med, at den del ikke er specifikt medtaget.

For overskuelighedens skyld har jeg valgt at følge alternativ 1, når jeg gennemgår en sæsonplanlægning: Du er hyret og kontrakten er i hus; du ved, hvad du skal. Med andre ord du starter med et nyt hold.

De elementer du skal igennem ved alternativ 2 er stort set næsten identiske med alternativ 1. Du gør det bare i en anden rækkefølge og måske lidt mere eller mindre specificeret på nogen områder. Så jeg tænker, at du sagtens kan bruge nærværende uanset om du står i scenarie 1, 2... eller 3. Ok?

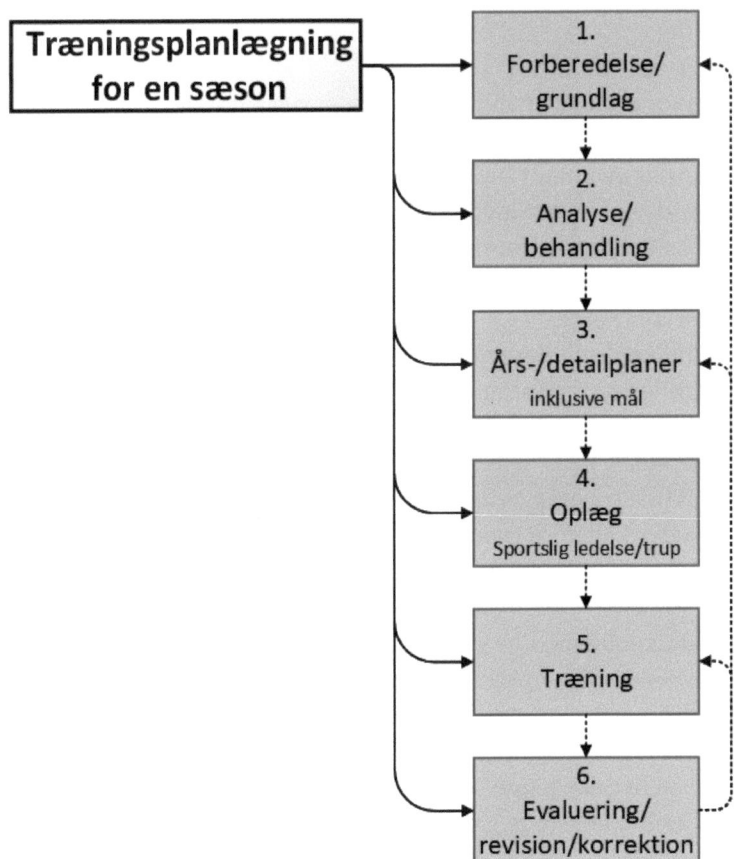

1. Forberedelse/grundlag

Forberedelsen dækker over de indledende livtag med den nye sæson. Det er i forberedelsen, du kigger på grundlaget for din planlægning.

Jeg formoder, ja, jeg tager for givet, at du for nuværende ved hvilke hold du skal træne og sikkert allerede *har* gjort dig visse tanker (allerede inden du sagde ja, tænker jeg). *Har* du allerede gjort dig tanker, ja bliver det bare så meget lettere at komme videre herfra. For det er her, du for alvor starter. Det er her, du danner dig det overblik, der skal danne grundlag for din planlægning.

- Hvor mange, og hvilke spillere, er der til rådighed (på nuværende tidspunkt)?
- Er der eventuelt assistent, holdleder eller fysioterapeut tilknyttet? Andre personer involveret?
- Hvilket niveau forventes truppen af have?
- Hvad er truppens, klubbens, måske en forældregruppes mål og forventninger?
- Hvilke faciliteter er til rådighed? Hal, ja ganske sikkert, men er der mulighed for at træne fysisk i lille hal, gymnastiksal eller styrkelokale? Kan der løbes udendørs på løbebane, fodboldbane eller lignende?
- Hvilke træningstider, og hvis klubben benytter flere haller, hvilke steder kan vi så træne?
- Træningskampe? Stævner? Sociale arrangementer?

Du har sandsynligvis dine egne punkter at udbygge ovennævnte, bestemt ikke uddybende, liste med. Fælles er, at du skal have dem alle med i din forberedelse.

Du kan sagtens planlægge uden at have alle svar. Du må lægge forudsætninger, eller kvalificerede gæt, ind i din planlægning, de steder, du ikke er helt sikker på. Gør du det, så skal du være klar over, at du kan risikere at skulle genbesøge din planlægning, når du får afklaret de punkter, hvor du mangler information, hvis dine forudsætninger ikke holdt stik. Med andre ord du bliver sandsynligvis nødt til at gå tilbage og korrigere dine planer. Men omvendt kan det være svært at planlægge med blanke sider, så det er uanset risikoen for senere redigering en god ide at indlægge forudsætninger, hvis du mangler håndfaste fakta. Og ikke for at tage modet fra dig, uanset hvor godt du planlægger på baggrund af de bedste informationer og viden… så kommer du alligevel til at redigere i dine planer. Den perfekte planlægning i første forsøg eksisterer kun teoretisk. Tro mig!

Hvis du har mulighed for det, er det altid en god ide at tage en snak med den træner, du afløser, eller en person fra klubben, der kender holdet godt. Det vil give dig en uvurderlig genvej i forhold til at stykke din baggrundsviden sammen og dermed danne et styrket grundlag for næste trin i din planlægning: Analysefasen.

2. Analyse/behandling

Man kan sagtens argumentere for, at analyse/behandling er en del af punkt 1: Forberedelse/grundlag. Når jeg vælger at medtage analyse/behandling som et punkt for sig selv, så skyldes det, at det efter min mening er mere end blot at indsamle baggrundsinformation, som jeg gør i min forberedelse. Både grundlaget og analysen er basis for din "behandling af informationer", der igen leder videre til punkt 3: "Årsplan inkl. målsætning", men hvor grundlaget er meget faktabaseret, så vil analysen nok også i vid udstrækning være empirisk.

I grundlaget ser du meget på rammerne, holdets og de fysiske muligheder. I analysen kigger du på, hvilke muligheder, der ligger i dit fremtidige hold, *du kigger fremad"*.

Det er langt fra sikkert, at du har det tilstrækkelige grundlag, den tilstrækkelige viden, om holdet og spillerne som sådan. Men du bør have nok viden til med rimelighed at kunne arbejde dig frem til, hvilke spillemæssigt aftryk, du ønsker at sætte på holdet. Sandsynligvis har... eller nej, du *har* helt sikkert... dine egne ideer/overvejelser om hvordan holdet skal dække op, i hvert fald en ide om varianter og du har med lige så stor sandsynlighed en-to-tre måske flere åbninger, du gerne vil inkorporere i holdet. Enten i stedet for eller som supplement til det, holdet kan i forvejen. Et sted i baghovedet ved du også, hvad du ønsker at træne med dem fysisk og i hallen. Enten i stedet for eller som supplement til det, holdet kan i forvejen.

Her skal du passe på, her skal du være dig dit ansvar bevidst. Hold så vidt muligt fast i det, holdet kan i forvejen, og arbejd ud fra det. Undlad at komme med et stort og dedikeret ønske om at lave alt om fra starten. Uanset hvordan du måtte have det med det stof, der blev trænet/brugt sidste sæson af den foregående træner, så er det de færreste spillere, der er klar til den store revolution fra første dag i hallen med en ny træner. Det kan let opfattes som mistillid og kritik af, hvad der er brugt en hel eller flere sæsoner på at indbygge i hold og spillere, hvis alt det gamle skal kasseres og der skal nyt ind med det samme. Det går sjældent godt. Der er en latent risiko for, at spillerne *også* opfatter det som kritik af dem. Som om de ikke er gode nok.

Ønsker du revolution, så lad være. Evolution er klart at foretrække. Massér dine ideer ind. Vis dem med eksemplets magt, hvorfor vi nu skal den her vej. Vær opmærksom, ikke? Det er bare et venligt råd.

Det er i ligeledes i din analyse, at du besøger klubbens og – måske – forældre eller spilleres – forventning til sæsonen. Du har fået afdækket deres ønsker under forberedelsen. Men nu skal du arbejde med det muliges kunst. Kig på materialet og indhentede forventninger. Hvad kan og skal vi så? Går vi resultat- eller udviklingsorienteret eller en kombination? Hvordan kan det arbejdes ind i dine tanker? I holdet og spillernes muligheder?

Herefter sammenfatter du alt, hvad du har samlet sammen eller analyseret dig frem til ud fra dit grundlag og din analyse. Du har fuldstændig styr på mulighederne. Eller… så fuldstændigt som det på nuværende tidspunkt er muligt. Denne fase skal gerne ende med, at du i overordnede termer kender dit formål, de rammer og fysiske forhold, du har til rådighed og de virke-midler du vil anvende for at opnå det. Med andre ord, du kender og har en egen holdning til:

- Holdets mål og de iboende forventninger fra sportslig ledelse, for-ældre og spillere
- De fysiske og personelle rammer
- Hvad vej din træning skal gå for så vidt indhold og udvikling, både teknisk, taktisk, fysisk, sandsynligvis både individuelt og kollektivt

3. Års-/detailplaner inklusive mål

Alt hvad du har foretaget dig i de to foregående punkter, har du gjort for at kunne udarbejde din årsplan.

En årsplan kaldes også et årshjul (eller et sæsonhjul/en sæsonplan). Blot for at understrege at det er to sider af samme sag.

Årsplanen er en detaljeret beskrivelse af, hvad der skal ske i løbet af sæsonen. Den viser en oversigt over sæsonens forskellige perioder og hvad de overordnet indeholder.

Normalt opdeles sæsonen i faser, der lettest illustreres ved et hjul – deraf også navnet "årshjul" – og jeg vil råde dig til at starte her.

 Faseinddelingen og visualiseringen grafisk gør det meget lettere at overskue de forskellige faser. Ja, nogen vælger endda kun at bruge den grafiske fremstilling og sætte ord på faserne direkte i grafikken. Det afhænger helt af, hvor specifik du ønsker, din årsplan skal være.

Du kan vælge at lave den meget detaljeret eller kortfattet.

Jeg har i afsnittet med inspirationsmaterialer vist et eksempel på begge dele. Alt efter temperament, niveau m.m. vælger du den måde, der passer dig bedst.

Uanset om du vælger at gå detalje- eller overskriftsvejen, så starter du med at opdele din sæson i faser, derefter nedbryder du hver fase i mindre enheder (måneds- eller ugeplaner) og til sidst så vidt det er muligt i en plan for de enkelte træningspas i hallen, den fysiske træning og løbet. Let og ligetil, ikke?

Ok, lad mig sætte lidt flere ord på.

Du starter med at faseinddele din sæson. Der er forskellige måder at gøre det på.

I den korte version opdeler du din sæson i 4 faser:

1. Sommerferie
2. Opstartsfase
3. 1. turneringsfase
4. 2. turneringsfase

Den opdeling forudsætter, at træningen først starter efter sommerferien. I mange, ja vel nok de fleste tilfælde, starter man stort set, når den foregående sæson er afsluttet +/- en kortere eller længere pause.

Derfor er det nok naturligt at indsætte en ekstra fase, "Før ferie":

1. Før ferie
2. Sommerferie
3. Opstartsfase
4. 1. turneringsfase
5. 2. turneringsfase

For overskuelighedens skyld kan sommerferiefasen udelades begge steder... så længe du bare husker, at spillerne *skal* have ferie, ikke?

På næste side har jeg indsat et eksempel på en grafisk fremstilling af faseinddelingen for eksempel 2 (5 faser). Det er alene et eksempel, du kan udarbejde din egen præcis efter temperament, også gerne håndtegnet. Periodelængderne er ligeledes kun til eksempel. Blot for også at få den del på plads.

I eksemplet er de 5 faser inddelt således:

1. Før ferie: Primo maj til ca. 20. juni (kort før skolernes sommerferie starter) *
2. Sommerferie: Ca. 20. juni til 1. august
3. Opstartsfase: 1. august til 30. september
4. 1. turneringsfase: 1. oktober til 31. december
5. 2. turneringsfase: 1. januar til ca. medio april*

* Det kan variere, hvornår sæsonen slutter, i langt de fleste tilfælde skal spillerne have pause i så lang tid af april som muligt (tiden mellem to sæsoner).

Årshjul for sæsonen 202x-202y

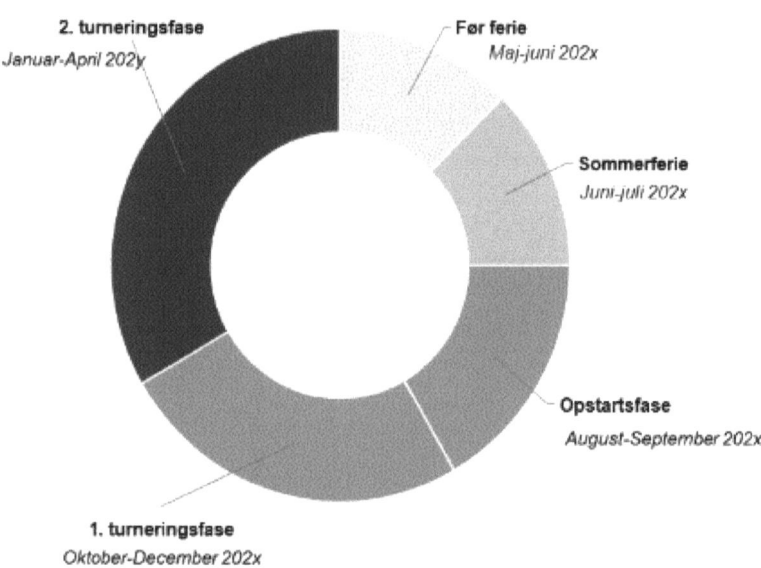

2. turneringsfase
Januar-April 202y

Før ferie
Maj-juni 202x

Sommerferie
Juni-juli 202x

Opstartsfase
August-September 202x

1. turneringsfase
Oktober-December 202x

Når du har fastlagt dine perioder, så skal du sætte ord på – beskrive – de ting, du gerne vil opnå i de givne faser. Det er en god ide ligeledes at beskrive hvordan du vil komme dertil. Der findes mange måder at komme videre herfra. I det følgende har jeg forsøgt at beskrive, hvordan jeg ville gøre det. Senere i bogen – i afsnittet med informationsmaterialer – kan du se to andre måder at gøre det på fra den virkelige verden.

Sådan kan du gøre – et eksempel
I eksemplet på forrige side har du et ønske for hele sæsonen om, at der skal arbejdes med:

- Koordinations- og styrketræning
- Konditionsopbyggende træning
- Hurtighedstræning

- Boldorienteret træning i hallen
- Målvogtertræning
- Teknisk og taktisk angrebsspil
- Teknisk og taktisk forsvarspil

De ønsker, den opstilling, fornærmer vist ingen; dem har vi nok alle på meget overordnet plan. Dette eksempel er ikke for det faktuelle, men det pædagogiske – husk det! ... inden du hovedrystende smider bogen fra dig og kræver at få pengene tilbage (for det får du altså ikke).

Ud fra det arbejde du lavede under din forberedelse/analyse i foregående 2 afsnit, så har du sandsynligvis enten nedskrevet på papir, eller har i dit hoved, lidt flere ord at sætte på din overordnede plan. Det skal du gøre nu. Har du ikke allerede gjort det, så skal du notere dig, hvad det er, der skal arbejdes med lidt mere konkret. For eksemplets skyld har jeg et ønske om, at det hold, jeg lige har overtaget og planlægger for, skal:

- Fastholde 6:0 forsvar som base
- Arbejde med punktvis pres modsat boldside
- Arbejde med 5:1 forsvar
- Arbejde med returløbsforsvar, for det ved jeg fra tidligere træner, at de ikke er helt skarpe til
- Omstilling forsvar/kontra
- Fastholde påbegyndt arbejde om aftaler om parader mellem målvogter og forsvar
- Fastholde de angrebsåbninger, de allerede benytter (og som jeg i min planlægningsfase har sat mig ind i – tegnet op m.v.)
- Arbejde med 2 nye åbninger mod 6:0 og 2 mod 5:1
- Fysisk træning og løb (både hastighed og distance)
- Skadesforebyggende træning
- Fokus på kaste-/gribe i fart
- Social indkitning og træningskampe/-stævner

Jeg kommer tilbage til det i afsnittet om træningen, men det er et faktum, at uanset at vi som trænere gerne vil, så kan vi ikke – vores spillere kan ikke overskue det og vi har ikke tid nok sammen med dem i hallen til at vi kan –

nå alt det, vi gerne vil *samtidig*. Vi har kun spillerne et givent antal timer pr. uge i hallen. Afhængig af niveau få eller mange. Så uanset at du gerne vil, så *kan* du ikke kaste alt ind i træningen samtidig. Du bliver nødt til benhårdt at prioritere og at planlægge. Og det skal du nu.

Først sætter du flere ord på de områder ovenfor, der kræver uddybning. Eksempelvis hvilke åbninger vil du introducere? Hvordan vil du dække 5:1 forsvaret? Bolderobrende, dele banen, eller? Har du et ønske til bestemte løbebaner i kontra? Vil du træne fysisk i styrkelokale eller hvor spillerne bruger egen vægt? Med andre ord opløse overskrifterne i mere konkrete træningselementer.

Du har allerede fastsat dine faser – dine perioder – nu skal du lave en plan for, hvad og hvordan du vil arbejde med ovenstående konkretiserede eksempler på træningselementer i de forskellige faser.

Jeg har på næste side indsat et eksempel på en overordnet og en konkretiseret fasebeskrivelse ud fra årshjulet på side 22.

Overordnet:

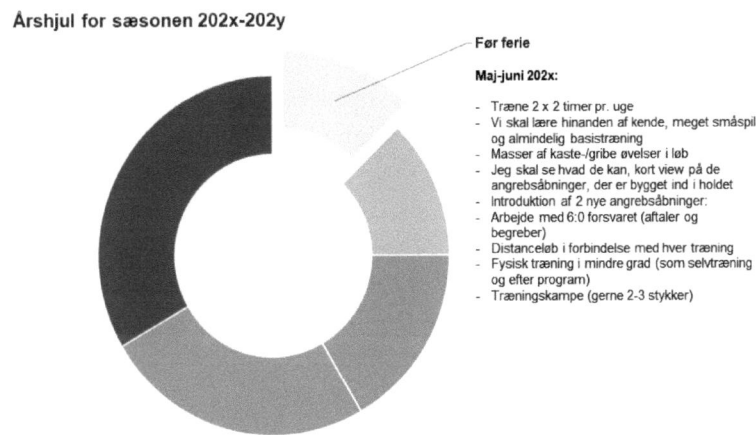

Årshjul for sæsonen 202x-202y

Før ferie

Maj-juni 202x:

- Træne 2 x 2 timer pr. uge
- Vi skal lære hinanden af kende, meget småspil og almindelig basistræning
- Masser af kaste-/gribe øvelser i løb
- Jeg skal se hvad de kan, kort view på de angrebsåbninger, der er bygget ind i holdet
- Introduktion af 2 nye angrebsåbninger:
- Arbejde med 6:0 forsvaret (aftaler og begreber)
- Distanceløb i forbindelse med hver træning
- Fysisk træning i mindre grad (som selvtræning og efter program)
- Træningskampe (gerne 2-3 stykker)

Konkretiseret:

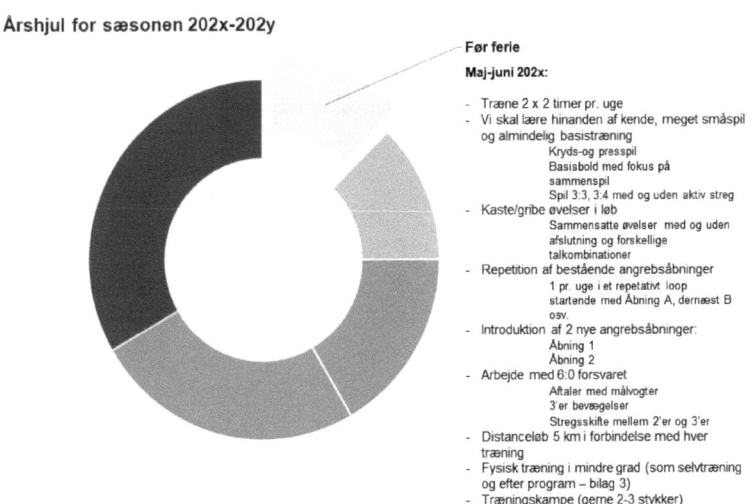

Årshjul for sæsonen 202x-202y

Før ferie

Maj-juni 202x:

- Træne 2 x 2 timer pr. uge
- Vi skal lære hinanden af kende, meget småspil og almindelig basistræning
  - Kryds-og presspil
  - Basisbold med fokus på sammenspil
  - Spil 3:3, 3:4 med og uden aktiv streg
- Kaste/gribe øvelser i løb
  - Sammensatte øvelser med og uden afslutning og forskellige talkombinationer
- Repetition af bestående angrebsåbninger
  - 1 pr. uge i et repetativt loop startende med Åbning A, dernæst B osv.
- Introduktion af 2 nye angrebsåbninger:
  - Åbning 1
  - Åbning 2
- Arbejde med 6:0 forsvaret
  - Aftaler med målvogter
  - 3'er bevægelser
  - Stregsskifte mellem 2'er og 3'er
- Distanceløb 5 km i forbindelse med hver træning
- Fysisk træning i mindre grad (som selvtræning og efter program – bilag 3)
- Træningskampe (gerne 2-3 stykker)

Eksemplerne er meget simplificerede, men jeg håber, at du kan se forskellen? Det overordnede er nærmest i overskrifter, mens det konkretiserede er med specifikke handlinger og navngivne aktiviteter.

Fælles for dem begge gælder, at jeg vil supplere med oversigt over anslået forbrug af den træningstid, der er til rådighed (for hver fase – her kun den beskrevne fase):

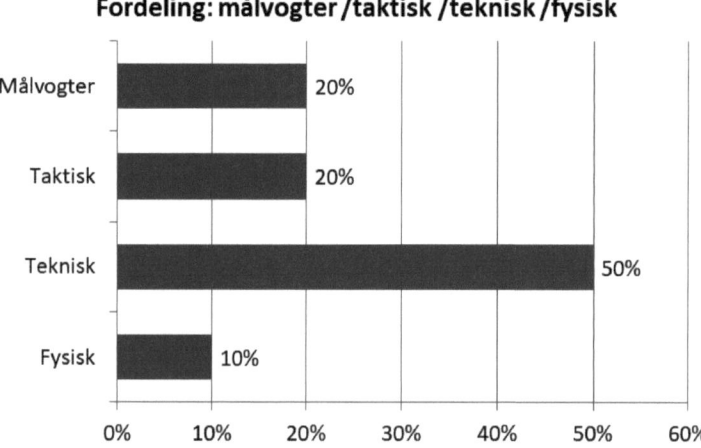

Om du vælger den grafiske fremstilling som i eksemplerne på foregående side, eller om du vælger at "skrive dig ud af det" uden grafik – se eksempel på samme fase, som netop vist grafisk på foregående side, beskrevet "verbalt" på næste side – det er helt op til dig selv, din kreativitet og den tid, du vil bruge på det.

Sæsonplan for sæsonen 202x-202y for klub

Før ferien: maj-juni 202x:
- Træne 2 x 2 timer pr. uge
- Vi skal lære hinanden af kende, meget småspil og almindelig basistræning
    - Kryds-og presspil
    - Basisbold med fokus på sammenspil
    - Spil 3:3, 3:4 med og uden aktiv streg
- Kaste/gribe øvelser i løb
    - Sammensatte øvelser med og uden afslutning og forskellige talkombinationer
- Repetition af bestående angrebsåbninger
    - 1 pr. uge i et repetativt loop startende med Åbning A, dernæst B osv.
- Introduktion af 2 nye angrebsåbninger:
    - Åbning 1
    - Åbning 2
- Arbejde med 6:0 forsvaret
    - Aftaler med målvogter
    - 3'er bevægelser
    - Stregskifte mellem 2'er og 3'er
- Distanceløb 5 km i forbindelse med hver træning
- Fysisk træning i mindre grad (som selvtræning og efter program – bilag 3)
- Træningskampe (gerne 2-3 stykker)

- Tidsmæssig fordeling:
    Målvogter 20% - Taktisk 20% - Teknisk 50% - Fysisk (løb) 10%

Sommerferie: juni-juli 202x

Osv.
Osv.

Uanset hvilke model du vælger – de viste eller en helt tredje – skal du gennemarbejde hele din årsplan på samme måde. Fase for fase skal du beskrive hvilke aktiviteter, du ønsker at gennemføre, gerne hvordan (konkretisere). Når du har gjort dette, er det en god ide, men ikke en nødvendighed, at bryde din årsplan ned på måneds- eller ugeniveau. Ja, måske endda helt ned på de enkelte træningspas. Men bemærk, at dette kan være en svær størrelse at have med at gøre, og der skal ikke mange "forstyrrelser" til, før at du skal korrigere og starte forfra. Se mere herom under afsnittet om træning.

I princippet beskriver du dette på samme måde som ved årsplanen. Jeg ville nok vælge at beskrive det fremfor den grafiske fremstilling. Grafik er godt til overblik og kortere tekst. En nedbrydning kan let blive for omfattende.

Nedbrydning af årsplan
Som sagt: Det er en god ide at bryde din årsplan ned – fase for fase – til mere operationelle størrelse.

Med udgangspunkt i fasen "Før ferien: maj-juni 202x" kan nedbrydning ske således:

Månedsplan for fase "Før ferien"

Maj:

Træning i hal i uge 19-22 hver tirsdag-torsdag i alt 8 træningspas /16 timer

Juni:

Træning i hal i uge 23-25 hver tirsdag-torsdag i alt 6 træningspas /12 timer

Fokusområder:

Maj:	Basisbold til hver træning
	Træning af basisfærdigheder til hver træning (kaste/gribe-afslutninger)
	Småspil
	Repetition af bestående angrebsåbning, en pr. uge

Arbejde med 6:0 forsvar

    - arbejde med aftaler med målvogter

    - arbejde med 3'er bevægelser

Spil til 2 mål til hver træning

Løb efter hver træning ca. 5 km distance i eget tempo

Fysisk træning efter udleveret program – selvtræning 30 minutter, 2 x pr. uge

1 træningskamp

Juni: Basisbold til hver træning

Træning af basisfærdigheder til hver træning (kaste/gribe-

afslutninger)

Småspil

Repetition af bestående angrebsåbning, en pr. uge

Introduktion 2 nye angrebsåbninger

Arbejde med 6:0 forsvar

    - arbejde med aftaler med målvogter

    - arbejde med 3'er bevægelser

    - arbejde med stregskifte mellem 2'er og 3'er

Spil til 2 mål til hver træning

Løb efter hver træning ca. 5 km distance i eget tempo

Fysisk træning efter udleveret program – selvtræning 30 minutter, 2 x pr. uge

1 træningskamp

Ugeplan for fase "Før ferien"

Maj:

Uge 19-22 alle uger 2 x 2 timers træning

	Hver træning:	Basisbold
		Træning af basisfærdigheder som i
		månedsplanen
		Spil til 2 mål
		Løb efter træning ca. 5 km distance i
		eget tempo
	En dag:	Småspil
		Arbejde med 6:0 forsvar med aftaler
		med målvogter
		Arbejde med 6:0 forsvar med 3'er be-
		vægelser

Uge 19	En dag:	Repetition af angrebsåbning A
Uge 20	En dag:	Repetition af angrebsåbning B+A
Uge 21	En dag:	Repetition af angrebsåbning C+B
Uge 22	En dag:	Træningskamp

Juni:

Uge 23-25 alle uger 2 x 2 timers træning

Hver træning: Basisbold

Træning af basisfærdigheder som i månedsplanen

Spil til 2 mål

Løb efter træning ca. 5 km distance i eget tempo

En dag: Repetition af bestående angrebsåbning

Småspil

Arbejde med 6:0 forsvar med aftaler med målvogter

Uge 23	En dag:	Repetition af angrebsåbning D+C
		Arbejde med 6:0 forsvar med 3'er bevægelser
		Arbejde med stregskifte mellem 2'er og 3'er

Uge 24	En dag:	Repetition af angrebsåbning E+D
		Arbejde med stregskifte mellem 2'er og 3'er

Uge 25	En dag:	Repetition af angrebsåbning F+E
	En dag:	Træningskamp (gerne ikke-træningsdag, ude)

På samme måde bryder du de resterende faser i din årsplan ned. Om du vælger samme opstilling er ikke vigtigt; du skal vælge et format, der passer dig. Det foregående er kun et eksempel.

Nedbrydning på de enkelte træningsdage kan du læse mere om i afsnittet om træning. Men i princippet kan (og bør) du for en fase ad gangen, bryde ned på de enkelte træningspas. Når jeg skriver "for en fase ad gangen" så skyldes dette, at planlægning ud over en fase på dagsniveau kan være en svær størrelse – henset til punkt 6. Evaluering/revision/korrektion. Selv den bedste planlægning kan ændre sig; der sker (næsten) altid noget uforudset.

MAJ:
2 x TRÆNING i HAL / UGE / 2 TIMER
LØB UGE 3x 5 KM
STYRKE → SELVTRÆNING

JUNI:
SOM MAJ
STOP V/ SKOLEFERIENS START

JULI:
FERIE M/ SELVTRÆNINGSPROGRAM:
LØB+ STYRKE

AUGUST:
2 x TRÆNING i HAL / UGE / 2 TIMER
LØB UGE / DISTANCE - INTERVAL
TRÆNINGSKAMPE WEEKENDS →

Målsætning

Det er vigtigt at have mål. Kun på den måde sikrer du dig noget håndgribeligt at arbejde henimod. Noget, der giver den indsats, du skal lægge, og det arbejde, du skal præstere, mening. Noget, der kan motivere dig til at blive ved for at nå målene.

Dine mål kan være kortsigtede eller langsigtede. Kortsigtede mål er noget, du vil opnå inden for en kort tidshorisont. Inden for en uge eller en måned, men ikke længere. Langsigtede mål er mål, du har sat dig for en længere periode, for eksempel en fase eller for hele sæsonen.

Mål er noget konkret, du bare *vil* opnå. Det er ikke et ønske eller en drøm. Sagt med lidt andre ord, så skal dine mål være realistiske. Det skal således være muligt at opnå dem, hvis man yder det, der skal til (gennem sin indsats). Dine mål skal være *konkrete, styrbare* og *realiserbare*. De *skal* kunne opfyldes. Skriver det lige igen: De skal være realistiske. For høje mål inviterer til fiasko, for lave mål til magelighed ("vi behøver ikke anstrenge os for at nå målet"). Omvendt skal de opstillede mål også give plads til at drømme om sensationen. Hvem har sagt, at det skal være let? Er du i tvivl, så opsæt forskellige mål under forskellige forudsætninger. "Hvis det lykkes at finde en venstrehåndet højre back, så går vi efter at vinde rækken. Hvis det ikke gør, så satser vi på at komme i top-3".

Hvis du ikke allerede har gjort det under din analysefase, så er det nu – når du laver din årsplan – at du formulere dine mål. Med "dine mål" mener jeg både holdets målsætning som sådan og dine egne mål og delmål for sæsonens forskellige faser.

Den overordnede målsætning for holdet fik du mere eller mindre afdækket og fastslået i analysefasen. Det er den "kontrakt" du har lavet med klub og hold. Det skal vi nå. Det skal vi gøre. Mere herom under afsnit 4. Oplæg.

Derudover bør du også formulere dine egne delmål for sæsonens faser.

Det ligger i det arbejde, du lige har gjort dig omkring sæsonens faser, at du gerne vil opnå en udvikling med holdet. Det er derfor oplagt at opstille mål

for, om du nu har nået det, du havde sat dig for. Hvad skal du ellers evalu-
ere og reflektere over i afsnit 6. Evaluering/revision/korrektion?

Hvordan du sætter dig mål og hvordan du beskriver dem, det er op til dig.
Men jeg vil foreslå dig som minimum at skrive dine mål ned. Skriv, *hvad*
målene er, *hvordan* du vil opnå det, og hvordan du vil *følge op* på din udvik-
ling henimod dem. *Hvordan du vil opnå det* har du skrevet i de planer, du
netop har lavet – så brug krudtet på *hvad målene er* og *hvordan du vil sikre
opfølgning.*

Sørg for løbende at evaluere. Før eventuel en form for logbog. Ved at følge
vejen mod dine mål via en logbog husker du bedre og kan bevare erfaringer,
som du kan bruge aktivt, når du skal evaluere... Og når du næste sæson
måske står i samme situation, hvor du skal planlægge og sætte mål igen.

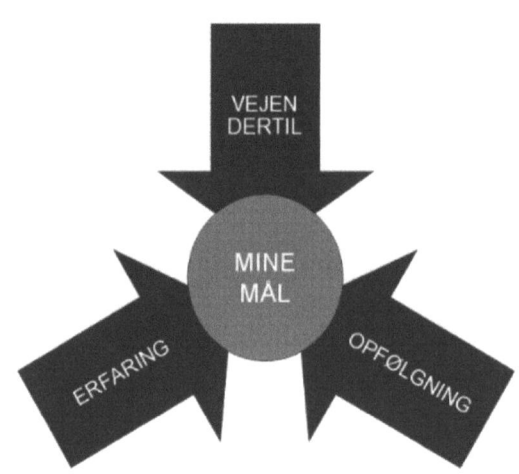

4. Oplæg sportslig ledelse/trup

Du har nu været igennem planlægningens første tre områder. Du har kigget på dit grundlag, du har foretaget en analyse og er kommet frem hvad du vil og hvordan du vil det (form, indhold og virkemidler), du har udarbejdet som minimum en plan for sæsonen og nu skal denne plan præsenteres for klubben – den sportslige ledelse – og truppen.

Du skal med andre ord samle alle dine tanker, overvejelser og planer i en præsentation – et oplæg – en orientering. Koge suppen ned til en kraftfuld fond, der (forholdsvist) kort, præcist og informativ redegøre for dine ideer og planer.

Er det et oplæg til klubben, så skal du sandsynligvis helst ende med en form for accept – er det et oplæg til et nyt hold, der skal beslutte om du er den rette, fremtidige træner, så skal du sandsynligvis helst ende med en form for accept – er det et nyt hold, hvor du er hyret ind som træner, hvor du skal præsentere dine planer for sæsonen eller et bestående hold, hvor I tager fat på en endnu en sæson, så skal du sandsynligvis helst ende med en form for accept. Uanset hvilke forudsætning du har, så kommer du sandsynligvis i problemer, hvis målgruppen ikke nikker ja. Det er de odds, du er oppe imod. Derfor skal du bruge lidt krudt på din præsentation, dit oplæg.

At lave en god præsentation – at skrive en god tekst – er måske ikke det første, du som træner tænker på. Men prøv lige at dvæle lidt ved det. Kommunikation er overalt, også i sportens verden – hvad enten den er skriftlig eller mundtlig.

Når du skal lave en skriftlig fremstilling (som en præsentation *også* er), er det vigtigt, at du skriver let og forståeligt, så dit budskab modtages og forstås. Din tekst skal være lidt lækker for læseren. Der er væsentlig forskel på det talte og det skrevne og derfor er det vigtigt, at du behersker begge dele og ikke mindst nuancerne.

I det følgende vil jeg derfor skitsere nogle råd og anvisninger til, hvordan du kan forberede en præsentation eller et oplæg, så budskabet med enkle virkemidler og så tydeligt og præcist som muligt formidles videre til modtagerne, så de forstår budskabet i præsentationen på netop den måde, som du, som afsender, ønsker, at de skal forstå det.

Når den del er på plads, så vil jeg nærmere komme ind på, hvilke elementer, jeg mener, at dit oplæg – din præsentation – skal indeholde. Når jeg skifter lidt mellem *oplæg* og *præsentation*, så ved jeg godt at det er to forskellige ting, men i min verden er det alligevel to forskellige sider af samme sag. I langt de fleste tilfælde vil du aflevere – præsentere – dit oplæg som en *præsentation*. Derfor retter jeg lidt fokus på *præsentationen*. Du kan betragte mange af de virkemidler, du skal forholde dig til i præsentationen som værende identiske med dem, du skal forholde dig til i et skriftligt oplæg, der måske mere har karakter af en skriftlig afhandling. Omkring skriftlige virkemidler og gode råd, ja her vil jeg tillade mig at anbefale dig at købe min bog "Rundt om bolden – en håndbog for håndboldtræner og -spiller". Den indeholder et afsnit om at skrive så det kan læses og forstås. Og ja, så indeholder den også lidt om præsentationer, hvor noget er genbrugt her.

De råd og anvisninger, jeg kommer med her, er ikke specielt rettet mod sportens verden, men det er min overbevisning, at man med rimelighed kan overføre disse virkemidler og teknikker til håndboldtrænerens situation, hvad enten det, der skal præsenteres, er et oplæg til spillerne, en snak med den sportslige ledelse i klubben eller lignende – som jo er emnet for dette afsnit.

Et kinesisk ordsprog lyder *"Selv den længste rejse starter med det første skridt"*. Det gør din præsentation også. Selv om det kan virke svært at komme i gang, så handler det om at tage hul på opgaven og "spise elefanten i små bidder". Du skal nok komme i mål, hvis du lytter til mig.

Sæt dig i modtagerens sted

Når du starter på en præsentation, skal du altid tænke på, hvem der skal læse dine slides og høre dig tale. Hvem er din modtager/målgruppe? Forskellige målgrupper har forskellige forventninger og forudsætninger og vil derfor høre samme fremstilling/læse samme overskrifter forskelligt. Når du kender din målgruppe, kan du sætte dig i deres sted og på den måde bedre kommunikere, hvad der er vigtigst for dem. Sandsynligheden for, at dit budskab bliver modtaget og forstået, er væsentlig højere, hvis du målretter dit budskab til modtagerne/målgruppen, end hvis du gør det på den måde, som passer *dig* bedst.

Vær personlig

Henvend dig direkte til din modtager, hvad enten det er personligt eller bredt (i en gruppe). Uanset om du taler til en lille gruppe mennesker (besty-relse, sportslig ansvarlige eller lignende) eller et større antal (holdet, trup-pen), så skal du helst formå dem alle til at tro, at du taler direkte til dem. Sørg for at kigge rundt. Det er ok at udse se en eller to, der ser ud til at lytte særligt opmærksom og interesseret og vende tilbage til vedkommende, hvis du har brug for "støtte og ro" i din fremlægning – det kan give sikkerhed – men de øvrige må ikke tro, at du kun taler til de få, når du jo reelt taler til alle.

Hold igen

Man behøver ikke at være et naturtalent for at lave et godt oplæg. Virke-midlerne er ret enkle – det er straks sværere at overholde dem.

En mulighed for at skabe overskuelighed eller variation er at bruge en pc med tilhørende projektor eller storskærm/tv-skærm og en præsentation i et præsentationsprogram som f.eks. Microsoft PowerPoint eller Google Slide. Det har også en pædagogisk funktion, fordi mange mennesker reelt har brug for at støtte sig til noget skriftligt – noget visuelt – for at kunne huske, hvad der er blevet sagt. Men pas på! Det skal kun bruges som et smykke ikke som en krykke…

Som Microsofts programnavn PowerPoint antyder, egner præsentationssli-des sig til at fremhæve og styrke pointer. Og de har primært deres beretti-gelse, når du skal vise komplicerede forhold (f.eks. grafer), når du skal give overblik over de emner, du vil bevæge dig igennem (dispositioner), eller når du vil give stikord til indholdet eller uddybe og komme med eksempler (fremhæve pointer i det du siger)

Det er ikke – og må ikke blive – noget forlænget manuskript, hvor du stort set citerer dig selv ordret. Hvorfor skulle man høre efter, hvad du siger, når man i løbet af et splitsekund kan læse det meste på din slide? Skriv kun det allermest nødvendige i overskrifts-/stikordsform, og lug gerne ud i flere omgange – for mange slides i PowerPoint er værre end slet ingen. Pas på det ikke bliver en PowerPest for lytteren i stedet…

PowerPoint kan meget, og nogle har det med at udnytte alle virkemidler, når chancen er der for at bruge en skærm. Overskrifterne flyver ind fra højre, underpunkterne blafrer på skærmen som persienner i stormvejr, og der krydres med mere eller mindre velvalgte illustrationer. Drop det, medmindre det har en egentlig funktion som f.eks. at du ikke vil give tilhørende alle stikord på én gang, men vil tvinge dem ind i et læseforløb, der følger pointerne i det, du siger, eller du har velvalgte illustrationer, ikke bare fyld.

I afsnittet om informationsmaterialer lægger jeg op til, at du bruger et præsentationsprogram. Udover alle faldgruberne – og dem undgår du jo behændigt efter at have læst dette – så giver det dig også mange fordele. Ud over dem jeg skrev for lidt siden, så hjælper slides dig også til at huske alt det, du skal igennem. Vel at mærke uden at læse op fra et skrevet manuskript eller direkte fra det dokument, der måske ligger til grund for din præsentation. Det må man ikke glemme.

Husk også at tavle, whiteboard og flipover stadig eksisterer, så du ikke kun gør brug af én støttepædagog. Det gør ikke noget, at du bruger lidt tid på at skrive stikord eller tegne. Tværtimod opbløder det lidt af det præfabrikerede indtryk og viser, at du faktisk behersker dit stof. Måske er der også et relevant videoklip, du kan bruge til at eksemplificere eller perspektivere dit budskab/indholdet i din præsentation?

Det er i det hele taget værd at huske, at variation skaber opmærksomhed: Skift tempo, gå rundt, inddrag dine tilhørere via spørgsmål, hæv og sænk stemmen, hav øjenkontakt med forskellige personer blandt tilhørerne i lokalet, skift ansigtsudtryk og tag en tænkepause, hvor du f.eks. deler særligt vigtigt materiale rundt (forudsat de ikke har fået det i forvejen).

Sørg for at signalere, at du selv synes, det er interessant, og at du er engageret.

For at du kan gøre det, må du være uafhængig af dit manuskript. Skriv gerne dit oplæg ned, så du har det liggende for en sikkerheds skyld. Men lav en taleseddel i stikordsform, hvor du har det vigtigste med, eller, som jeg skrev før, øv dig, så du kun behøver dine slides at støtte dig til.

Vær forberedt på "ydre forhold"
Brug lidt tid til at få styr på de detaljerne:
- – Hvor mange mennesker kommer der?
- – Hvordan er lokalet?
- – Hvilke hjælpemidler er der til rådighed?
- – Hvilke muligheder giver det dig, og hvilke begrænsninger medfører det?

Det tekniske virker måske som en lille detalje i det store spil om formidlingen, men den, som én gang har stået med en projektor, der var placeret, så en eventuel slide ikke kunne læses fra bagerste række, husker at tjekke lokalets størrelse næste gang... Og den, som har stået med en pc, der ikke kunne logges på eller som manglede nødvendig software for at starte op og vise præsentationen, husker at tjekke i god tid og ikke mens de første tilhørere indfinder sig i lokalet.

Ja, eller medbringer du selv udstyret, så bare den lille detalje med om der er strøm og om eventuel ledning kan nå... har du prøvet bare en gang, at stikkontakten er håbløst placeret, så husker du at smide en forlængerledning i tasken næste gang...

Skriv en disposition – og hold dig til den, når du forbereder dig
Det betaler sig at bruge tid på at lave en god disposition for en præsentation, inden du sætter dig til tastaturet. Det gør det nemmere for dig at holde tråden i præsentationen – og det gør det nemmere for dine tilhørere at følge den røde tråd i det, du siger. Selvfølgelig under forudsætning af, at den er der, den røde tråd.

Den klassiske dispositionsmodel for undervisning og foredrag er opbygget som en "fisk" (se illustrationen på næste side) og minder på mange måder om dispositionen på en eksamensprojektopgave. Det er ikke den eneste måde at gøre det på, men den er et sikkert valg, hvis du ikke er en øvet taler.

Du starter med *hovedet*, som er en lille del af fisken og derfor også en lille del af din præsentation. Indledningen skal være forholdsvis kort og snæver. Her fortæller du dit publikum, hvad de kan forvente (f.eks. din baggrund, hvad du vil komme ind på det næste stykke tid m.m.).

Som den gode guide du er, fortæller du også her, hvor du regner med at tage dine tilhørere hen, kort sagt hvad vil du?

Næste trin i præsentationen er fiskens *krop*: Din præsentations hovedindhold. Kroppen består af de vitale dele, nemlig argumenterne for dit budskab. Det er her, du dokumenterer, eksemplificerer og går i detaljen med emnet.

Del emnerne op i prioriterede og logisk sammenhængende afsnit, så lytterne ikke skal bruge kræfter på at få tingene til at hænge sammen. Husk, at en mundtlig fremstilling er mere krævende end en skriftlig. Tilhørerne har jo ikke mulighed for at gå tilbage i stoffet, hvis der er noget, de har glemt eller overhørt undervejs. Så dit budskab skal sidde der første gang – og det vigtigste fortjener sikkert at blive gentaget eller sat i direkte forhold til konklusionen/budskabet.

Selv om du anstrenger dig for kun at tage det vigtigste med, har tilhørerne som regel nok at holde styr på. Derfor bør du til sidst kort samle op på det, du har sagt. Og det gør du i den sidste del: *Halen*. Det er her, du opsummerer og eventuelt understreger dit budskab endnu en gang. Man kan sammenligne det med et resumé, men det må gerne være lidt mere underholdende end blot ren gentagelse.

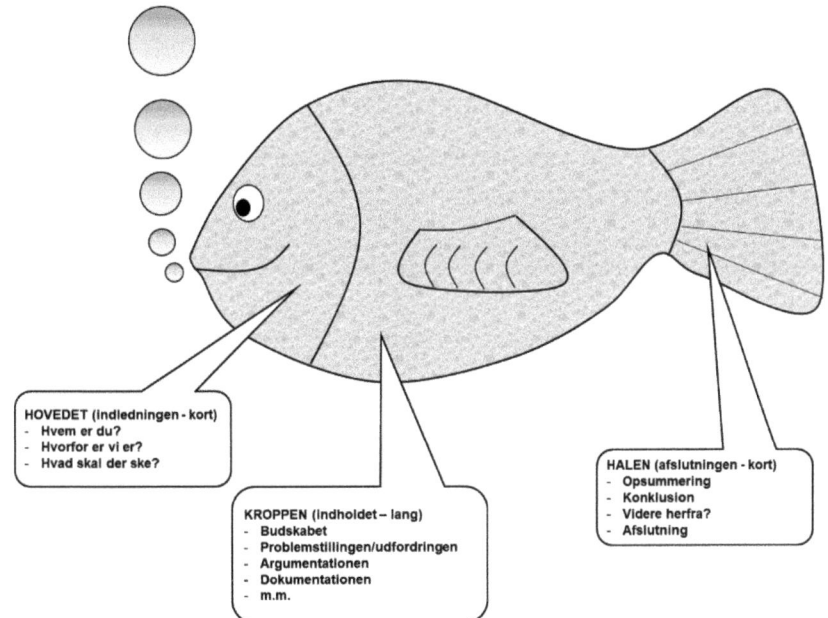

HOVEDET (indledningen - kort)
- Hvem er du?
- Hvorfor er vi er?
- Hvad skal der ske?

KROPPEN (indholdet – lang)
- Budskabet
- Problemstillingen/udfordringen
- Argumentationen
- Dokumentationen
- m.m.

HALEN (afslutningen - kort)
- Opsummering
- Konklusion
- Videre herfra?
- Afslutning

Eksemplets magt

Det er som regel i argumentations-/dokumentationsfasen, at de fleste talere taber deres tilhørere, så overvej nøje, hvordan du kan gøre denne fase mere spændende.

Et godt fif er at variere din fremstilling med vedkommende citater, eksempler eller billeder, der f.eks. hiver noget abstrakt ned på et forståeligt plan, eller sætter ting i relation til noget, folk kender i forvejen.

Du kan også komme med en lidt overraskende betragtning om dit emne, en provokerende bemærkning eller noget, der kalder på smilet. Men pas på de egentlige vittigheder – ikke mindst i starten af dit oplæg. Lægger du ud med en vittighed, der falder til jorden, kan resten af præsentationen blive en lang og sej kamp.

Vær tålmodig

Det tager ca. 10 gange så lang tid at forberede en præsentation som at afholde den, så begynd i god tid.

Forbered dig på, at du trods god forberedelse kan risikere at skulle skære i dit oplæg af hensyn til tiden. Hvad er mindre vigtigt og kan skæres væk? Hvad kan siges meget kort?

Det tager sin tid at blive god til at lave en præsentation. Der er ingen vej uden om: Kun øvelse gør mester!

Hvis du husker nedennævnte, så er du godt på vej til at lykkes

- Kend dine tilhørere, og tænk ud fra deres interesser, viden og behov
- Hold fast i, hvad du vil opnå
- Vælg et klart budskab/en afgrænset problemstilling – og hold dig til sagen
- Lav en logisk disposition
- Find gode citater, eksempler og illustrationer
- Husk, at der er forskel på PowerPoint og PowerPest (brug PowerPoint-slides til at understrege dit budskab, ikke til at drukne dine tilhørere i information – husk smykke/krykke!)
- Lav dit manuskript i stikordsform
- Husk at trække budskabet frem til sidst
- Vis, at du er engageret gennem hele forløbet
- Hold tiden

Nu ved du hvordan du i teorien skal gøre… så til det konkrete: Oplægget til den sportslige ledelse og/eller spillertruppen!

Jeg formoder, at du har styr på indhold – det faktuelle – ud fra det arbejde, du gennem de foregående afsnit har fået helt på plads. Derfor vil jeg i det følgende alene give dig en form for "indholdsfortegnelse" (hvad jeg mener, at du bør medtage).

Jeg har i afsnittet med inspirationsmaterialer vist anonymiserede eksempler på præsentationer/oplæg, jeg selv har brugt. De er lavet over tid, så der kan være små varianter. Brug dem som de er tænkt: Til inspiration, ikke færdige "out-of-the-box" løsninger. Og lad være med at holde dem op mod alle mine velmenende og gode råd i afsnittet om den gode præsentation, som du netop har læst… jeg er også blevet klogere med tiden. Den gamle talemåde om at *du skal gøre som præsten prædiker, ikke som præsten gør* den holder også her.

Præsentation over for ny spillertrup
Forslag til indhold; de punkter, du ikke mener at ville medtage, ja dem udelader du selvfølgelig.

1. Forsideslide med "begivenhedens navn" og evt. dato
   Eksempel: "Informationsmøde for (klub) – (hold) – (dato)"
2. Præsentation af mig + andre aktuelle personer omkring holdet – privat + håndboldfagligt
   Eksempel: Navn – funktion – bopæl – familie – håndbold cv (relevant info kun, ikke nødvendigvis alle 25 klubber i karrieren!)
3. Eventuel grundlæggende information – forudsætninger, filosofi og lignende
4. Faktuelt, håndboldrelevant – tanker om basiskunnen, angreb, forsvar, målvogter, kontra, fysisk træning – the whole shit simpelthen!
5. Gennemgang af årsplanen overordnet og fasedelt
6. Praktik – træningstider, kommunikationskanaler m.m.
7. Kontaktoplysninger
8. Spørgsmål?

Hvis du tager højde for ovennævnte, så er du tæt på at komme hele vejen rundt i din præsentation

Præsentation over for bestående spillertrup (forud for sæson 2-3-osv.)
Hvis der ikke er ændringer i trænerstaben, holdleder m.m. så tager du punkt 1+5+6+8 (+7, hvis ændringer) fra ovenstående til ny spillertrup. De andre punkter må holdet formodes at vide i forvejen. Og eventuelle nye spillere kan du hurtigt sætte ind i punkt 2+3+4 efterfølgende. Det behøver hele spillertruppen ikke høre dig gentage igen.

Oplæg til sportslig ledelse (årsplan)
Denne type oplæg kan du godt lave som en præsentation, men i langt de fleste tilfælde vil du lave et skriftligt oplæg i eksempelvis Word eller andet skriveprogram, som bestyrelsen/den sportslige ledelse får forud for det møde, hvor det gennemgås. På selve mødet kan du have forberedt en præsentation, men den vil tage udgangspunkt i dit skriftlige oplæg.

På baggrund af eksemplet i afsnittet med inspirationsmaterialer så mener jeg, at du skal rundt om følgende punkter:

1. Indledning
2. Krav til spillere – fysiske krav, træningskrav og lignende
3. Målsætning
4. Årsplan, herunder faseplaner på overordnet niveau (overskiftsform)
5. Forudsætninger – uddybende forklaringer – for gennemførsel
   5.1. Antal spillere i 1.-2.holdstrup
   5.2. Hvor meget skal der trænes? Både i hal og fysisk (anaerob/aerob)
   5.3. Skal der være specielle forhold for spillerne? Gulerod ved målopfyldelse? Tøj- eller skopakke ved at binde sig til projektet? M.m. Specielle forhold for nye spillere?
6. Taktisk fundament /spillemæssige valg, herunder
   6.1. Forsvar inkl. Returløb
   6.2. Målvogter

6.3. Angrebsspil – åbninger og basisspil (kryds-, pres-, overgangs-
spil)
6.4. Kontra
7. Opstart

Spillermøder
Indhold og præsentation på spillermøder er meget individuelt, men hvis du
iagttager meget at det, du har læst i nærværende afsnit omkring virkemidler
og metodikker, så er du godt klædt på til at lave en fin præsentation.

5. Træning

I afsnittet om års- og detailplaner skrev jeg, at det kunne være en god ide at nedbryde din årsplan til måneds-, uge-, ja måske endda til dagsplaner (træningssessioner). Det er dem, det her skal handle om. Hvorvidt du på det tidspunkt, hvor du lavede dine årsplaner, vitterligt også udarbejdede planer for de enkelte træningssessioner… det tillader jeg mig at tvivle på. I teorien burde du. Men i praksis er det for langt de fleste trænere, der ikke arbejder professionelt med en "professionel" elitetrup, stort set umuligt. Det vil give alt for meget tilbageløb hen over sæsonen. Alt for mange korrektioner.

I virkelighedens verden vil du med din månedsplan i hånden, planlægge dine træninger for en kortere periode frem i tid. Om det er 3 uger eller for den kommende uge, det er op til dig.

Og hvorfor nu det? Når du har lavet din årsplan, hvorfor er det så lige, at du ikke kan detailplanlægge dine træningspas frem i tid?

For det første så er der altid et element af aktualitet. I din "før-sæson" træning er det lettere at planlægge end i dine turneringsfaser. I disse faser kan der opstå behov for at tilpasse din træning med elementer af taktisk træning i forhold til kommende modstandere. For det andet er der også et forhold omkring afbud. Du vil komme ud for, at der er afbud fra spillere, der "ikke kan undværes i den aktuelle træning". Det giver for eksempel ikke mening at træne 5:1 forsvar uden din forsvarsstyrmand eller hende, der dækker fremme, vel? Eller systemtræning uden dine centerspillere? Grundet udefra kommende forhold (afbud, sygdom, modstanderforhold for eksempel), vil der altid opstå situationer, du ikke er forberedt på, som du ikke har kunnet planlægge dig ud af.

Lad os antage, at du i din årsplan havde regnet med, at et af de offensive forsvarsalternativer skulle være 3:2:1 og det i løbet af august viser sig, at det kan holdet ikke få til at fungere. Så må du turen tilbage gennem evaluering og korrektion og ændre til for eksempel 4:2. Du tilretter din årsplan og månedsplan. Intet problem. Men har du, lad os sige … 10 træningspas… planlagt med 3:2:1 træning i detaljer, så er korrektionsarbejdet så meget større.

Og det gælder vel at mærke hver gang du skal korrigere i masterplanen, din årsplan. Derfor giver det mening kun at planlægge dine træningspas i detaljer ud fra din månedsplan, det vil sige maksimalt 3-4 uger frem i tid.

Når du planlægger dine træningspas, indholdet af de ugentlige træningsdage, så planlægger du på baggrund af din årsplan: Hvad skal vi træne – hvad skal vi igennem af stof – i den givne periode.

Dette indarbejder du i din træning og dit øvelsesvalg "på dagen". Men hvad skal din træning ellers indeholde? Og igen, her henvender jeg mig atter til alle os, der træner 2-3 gange om ugen på bredde- eller semieliteniveau. Os, der bevæger os på dette niveau, skal nå meget mere på meget kortere tid end eliteholdene. Grundlæggende skal vi igennem samme stof for at træne håndbold hele vejen rundt. Eliteholdene har bare for det meste meget mere tid til det, end vi andre har.

Uanset niveau, så skal træningen indeholde de elementer, jeg har vist i figuren på næste side.

Du vil sandsynligvis ikke sætte dine træningspas helt så skematisk op som vist i figuren. Men når du gør status over hele din sæson, så er det stort set de områder, du skal igennem for at være dækket helt ind.

Hvor meget tid skal du så bruge på hvert område? Tja, det er meget svært at give et præcist svar på. Det er forskelligt fra hold til hold, fra niveau til niveau og fra fase til fase.

Pilene mellem punkterne er et forsøg på at illustrere sammenhængen. Enhver træning starter med enten opvarmning på et eller andet niveau eller løb/fysisk træning (hvor opvarmning ligger implicit) og slutter med nedvarmning. Hvad der sker derimellem og i hvilken rækkefølge er rimeligt individuelt. Derfor pile "i alle retninger". Det er dig, der bestemmer. Men en god træning bør indeholde elementer af alle områder.

HÅNDBOLDTRÆNING

De sorte forbindelsesstreger er et forsøg på at illustrere "logiske" forløb/ rækkefølge.

De lysegrå forbindelsesstreger er et forsøg på at illustrere "alternative" forløb/ rækkefølge.

De stiplede forbindelsesstreger er et forsøg på at illustrere "valgfrie" forløb/ rækkefølge.

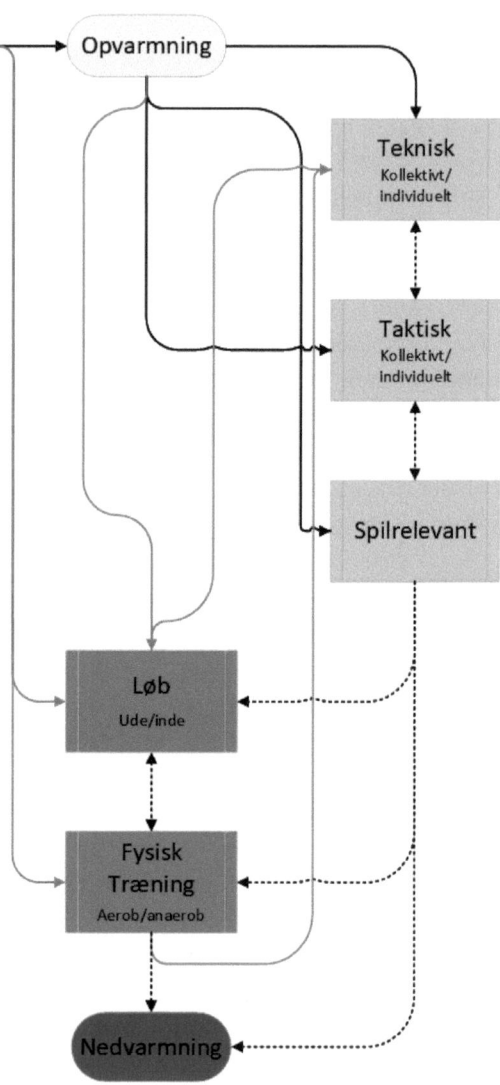

Opvarmning

Teknisk
Kollektivt/
Individuelt

Taktisk
Kollektivt/
Individuelt

Spilrelevant

Løb
Ude/inde

Fysisk
Træning
Aerob/anaerob

Nedvarmning

Lad os forudsætte, at der trænes tre gange om uden, så kunne tre normale træningsaftener i august se sådan ud – for nemheds skyld ligger alle tre aftener samme tid – så heldig kan man sandsynligvis ikke forvente at være i det virkelige liv…

Dag 1:

17:30-17:35	Briefing om dagens træning
17:35-18:15	Løb ude, distance/lange intervaller
18:30-20:00	Træning i hal

18:30-18:40	Opvarmning
18:40-18:50	Kaste/gribe- og basisøvelser
18:50-19:05	Fokus på målvogter (opvarmning – skud)
19:05-19:35	Taktisk træning ud fra dagens tema (forsvar/angreb/målvogter/kontra)
19:35-20:00	Kamprelevant træning – spil til 2 mål og lignende

20:00-20:30	Fysisk træning i styrkerum, gymnastiksal eller lignende.

Dag 2:

17.30-17:35	Briefing om dagens træning
17:35-18:15	Løb ude, distance/korte intervaller
18:30-20:00	Træning i hal

18:30-18:40	Opvarmning
18:40-18:50	Kaste/gribe- og basisøvelser
18:50-19:00	Målvogter opvarmning
19:00-19:30	Teknisk træning, individuelt og kollektivt
19:30-20:00	Kamprelevant træning – spil til 2 mål og lignende

20:00-20:30	Fysisk træning i styrkerum, gymnastiksal eller lignende.)

Dag 3:

17:30-17:35	Briefing om dagens træning
17:35-18:15	Løb ude, korte og lange intervaller
18:30-20:00	Træning i hal

18:30-18:40	Opvarmning
18:40-18:50	Kaste/gribe- og basisøvelser

18:50-19:05	Fokus på målvogter (opvarmning – skud)
19:05-19:20	Teknisk træning
19:20-19:40	Taktisk træning ud fra dagens tema (forsvar/angreb/målvogter/kontra)
19:40-20:00	Kamprelevant træning – småspil m.m.
20:00-20:30	Fysisk træning i styrkerum, gymnastiksal eller lignende.

Hvis fysisk træning ligger som selvtræning (i styrke- eller fitnesscentre) på andre dage end de tre faste træningsdage, så skal der lægges tid ind til udstræk og afjogning efter eller i haltræningen.

Tider er *kun* for eksemplets skyld. Hvordan du vil disponere din tid i hallen og indholdet i din træning, ja det bestemmer du. Det skal vi ikke starte en diskussion om her…

Et godt råd er dog, at du skal være opmærksom på at lægge indlæring af nyt stof så tidligt i træningen som muligt. Dels fordi koncentrationen hos spillerne er højere, jo friskere de er – dels fordi det giver mulighed for at genbesøge det senere i træningen, f.eks. bruge en åbning, der er trænet i første halvdel af træningen, ved spil til 2 mål sidst i træningen.

Mht. indlæring, så er indlæringskurven for speciel ungdom, men faktisk og sandsynligvis også senior, sådan at koncentrationen over 90 minutter stiger til sit højeste efter de første ca. 10 minutter og vil være på dette niveau omkring 20-30 minutter, hvorefter den gradvist falder til laveste niveau omkring 60 minutter. Herefter stiger den jævnt de sidste 30 minutter (se illustration på næste side). Derfor bør nyt materiale eller den træning, der kræver den højeste koncentration, selvfølgelig ligge i de perioder. I teorien, ja, Men vi ved alle, at de perioder ikke altid passer med træningen. For den mest hensigtsmæssige træning, så er der bare en logisk og naturlig rækkefølge på nogle af elementerne, der ikke altid passer med indlæringskurven. Det skal du være klar over. Du kan vælge at indrette dig efter det. Eller du kan vælge at se stort på det. Men det er svært at ignorere, når man har prøvet at stå med 18 kropumulige U17 piger, hvor koncentrationen er alle andre steder end på banen og boldene flyver som løsgående missiler rundt i hallen…!

Som du kan se i mit eksempel (de tre træningsdage), er det bare ikke altid ligetil at ramme de steder på kurven, hvor koncentrationen er højest, når vi snakker nyt stof. Der er elementer af træningen, der nødvendigvis må ligge på (næsten) faste tidspunkter. F.eks. skal opvarmning ligge først, kasteøvelser tidligt i forløbet mht. skulderopvarmning osv.

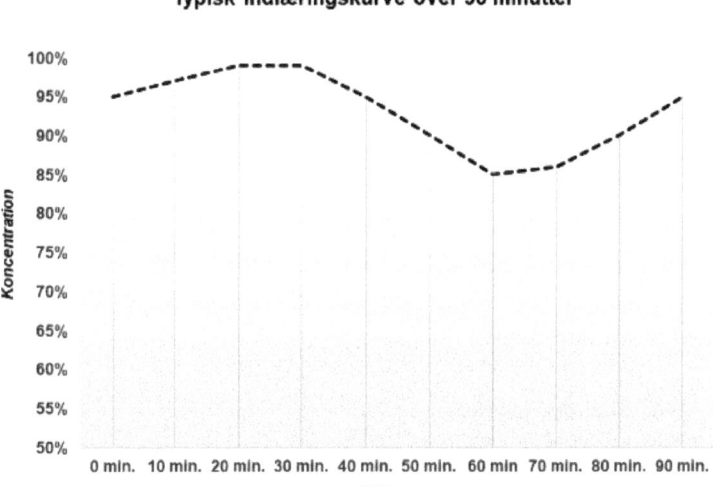

Jeg har i min egen træning valgt, at jeg lægger spil til 2 mål omkring det tidspunkt, hvor koncentrationen er lavest. Det er et bevidst valg, da spil til 2 mål næsten altid er noget "de godt gider" og dermed stimuleres koncentrationen kunstigt. Jeg kan kun sige… med teorien i baghovedet, så prøv dig frem med dit aktuelle hold.

Det var indholdet
I det følgende vil jeg forsøge at føre dig igennem nogle grundlæggende forhold, du skal tage højde for og have med i din planlægning af den gode håndboldtræning – både på overordnet plan og isoleret på *træningen i hallen*, både før og under.

Når vi snakker *træning* så handler det jo ikke kun om at planlægge indholdet på overordnet plan – for en hel sæson, for en måned, for en træningssession – men også om at planlægge *afviklingen* og at *afvikle* træningen.

Du skal have en plan
Og her snakker jeg ikke en års- eller månedsplan. Det har vi været igennem. Det handler om en plan for den aktuelle træning.

Det er vigtigt at have en plan – og sørge for, at den holder. Det kan ikke gentages ofte nok. Det er vigtigt, at du ved, hvad du vil med den forestående træningssession: Hvad skal der øves i dag?

Hav en klar forventning om, hvad der er målet med dagens træning og endnu vigtigere: Hvilke øvelser du vil anvende for at nå målet.

Tænk med andre ord over:

- Hvad skal der trænes?
- Hvordan skal det trænes?

Og lige så vigtigt…

- Hvorfor skal det trænes? For at forberede holdet på næste kamp? Eller for at skærpe individuelle eller kollektive færdigheder? Osv.

Når du har en klar ide om, hvor træningen skal føre hen – hvilket tema den skal have – så ved du, hvad der skal arbejdes med, og ikke mindst hvilke øvelser der skal bruges.

Det er, som sagt, alt sammen noget, du har beskrevet i din årsplan. Nu begynder tingene at hænge sammen, kan du se det?

Næste fokuspunkt er herefter organiseringen af selve træningen. Hvad skal der bruges af udstyr? Er der øvelser, som kræver et bestemt antal spillere i aktion? Skal de niveaudeles i givet fald? Osv.

Ydre forhold – overblik – afvikling

Det er vigtigt at være bevidst om ovennævnte tre forhold, både i planlæg-ningen og udførelsen af træningen.

Ydre forhold dækker over de fysiske rammer for træningen. Hal? Hel eller halv bane? Gymnastiksal? Motionsrum? Hvor skal der eventuelt løbes udendørs?

Overblik handler bla. om at have styr på:

- Hvor mange spillere kommer til træning?
- Hvor mange spillere skal der bruges til de enkelte øvelser, hvis der skal bruges et bestemt antal?
- Hvem skal i givet fald bruges? Og hvad skal dem, der måske ikke arbejder, lave imens?
- Hvor mange "hold/grupper" skal der arbejde samtidig og hvor-dan skal ventetid håndteres?

Man skal med andre ord have et klart overblik over, hvordan man vil orga-nisere og gennemføre sine planlagte øvelser med den gruppe af spillere, der er til træning. Du kan improvisere et langt stykke hen ad vejen, men spil-lerne finder hurtig ud af det, hvis du improvisere *hele* vejen!

Det handler ganske lavpraktisk om, at man helt ned i detaljen bestemmer sig for, hvordan de øvelser, man har valgt, skal gennemføres. Har man ikke mulighed for at vise en videosekvens – det har de færreste breddetrænere nok – eller en tegning til spillerne, skal man verbalt kunne formidle "hvad man har et klart billede af i sine tanker", så spillerne forstår:

- Hvad målet med øvelsen er?
- Hvordan de skal bevæge sig/agere i øvelsen? Hvor de skal starte og hvor de skal slutte m.m.
- Hvordan bolden skal spilles, hvis det er en øvelse med bold

Brug eventuelt en taktiktavle med enten magneter eller tusch til at forklare de mere komplekse øvelser.

Afvikling handler groft sagt om, hvorvidt træningen afvikles efter hensigten, f.eks.:

- Afvikles de enkelte øvelser som de var tænkt? Stemte de overens med spillernes niveau/færdigheder?
- Blev træningen afviklet i god ro og orden? Var der flow eller opstod der kø, uhensigtsmæssige pauser eller andet, der nedsatte træningens intensitet?
- Blev der trænet det, der var planlagt? Og i det omfang det var stipuleret (tid, antal gentagelser m.m.)?

Om træningen bliver god og træningspasset vellykket? Tja, det kan du nok ikke selv give et entydigt svar på. Selvom du har taget højde for alle førnævnte forhold.

For hvad er en god træning egentlig? Godt spørgsmål! Når du skal evaluere eller reflektere, kan du starte med at stille dig selv følgende spørgsmål:

- Blev der trænet det, der var planlagt, og virkede det efter hensigten?
- Blev formålet med øvelserne/temaet opfyldt?
- Var der meget aktivitet, få pauser, lidt ventetid og høj intensitet?

Spørger du spillerne, vil de med stor sandsynlighed fokusere på, om der har været netop høj intensitet og meget boldspil. Husk endelig bolden! Den skal med i træningen i videst muligt omfang! Og så skal det også helst være sjovt undervejs. Læring går fint i spænd med latter.

Når du har planlagt dit træningspas, har du en plan for:

- Hvad der skal ske
- Hvornår det skal ske
- Hvordan det skal ske
- Hvorfor det skal ske

Du har et veltilrettelagt udgangspunkt for at skabe et godt, fornuftigt, vel-fungerende og intensivt, lærerigt træningspas.

Det er bare ikke helt nok. For at det skal lykkes, er planlægning altafgø-rende, ja. Men det er lige så vigtigt, at du som træner er bevidst om din rolle som underviser.

Rette – skærpe – gentage

Rette handler om at korrigere og instruere spillerne, så det de gør, bliver mest hensigtsmæssigt både i den enkelte øvelse, men også i den overord-nede håndboldmæssige kontekst. Man kan tilrette både den enkelte spillers udførelse og handlinger og man kan gøre det på gruppeniveau; for hele hol-det.

Vær opmærksom på, hvor meget der rettes. Pas på med at tale en øvelse ihjel; tal ikke for meget, så intensitet og momentum i øvelsen forsvinder (spillerne passiviseres af at stå stille og lytte). Hvis øvelsen i øvrigt kører nogenlunde, som den skal, så vær forsigtig med at afbryde for at finpudse detaljer – medmindre det er en virkelig indarbejdet øvelse. Den lille pause kan som sagt ødelægge momentum. Overvej, om ikke det er bedre at tage korrektionen en anden gang, medmindre det selvfølgelig er kritisk for øvel-sens forståelse eller udførelse. Men så er det heller ikke "at finpudse en de-talje".

Det er begrænset, hvor mange informationer en spiller, der arbejder under fysisk pres, kan forholde sig til på én gang. Giv få, tydelige beskeder og op-gaver. Pas på med lange taler. Hvis en øvelse kræver meget information, kan du med fordel dele den op i små knap så informationstunge delelemen-ter.

Som træner er opgaven konstant at observere, hvad der sker under en given øvelse, vurdere om det er det, der skal ske (det som du ønsker skal ske) og på den baggrund enten glædes over, *at* det lykkes, eller foretage korrektio-ner, så det *rent faktisk* lykkes. Mere kompliceret er det ikke.

Skærpe handler om at øge kravene i øvelsen gradvist. Hvad enten vi først fokuserer på, at der eventuelt skal tempo i en øvelse, før vi ser på udførelsen – eller omvendt – så handler det om trinvist at bygge lag på lag i øvelsen.

Når spillerne behersker det hele, får man det fulde udbytte af øvelsen. Det er de færreste spillere, der kan alt til perfektion første gang. Langt de fleste øvelser med en vis kompleksitet og sværhedsgrad kræver at de bygges op (*"man skal kravle, før man kan gå"*-princippet).

Man kan øge sværhedsgraden af en given øvelse på mange måder, f.eks. ved

- at øge krav til tempo
- at øge krav til eksplosivitet
- at øge afstanden mellem spillerne
- at øge den fysiske kontakt mellem spillerne (der må tages mere fat)
- at øge krav til timing (nedsætte tolerancetærskel)
- at øge krav til perfektion (udførelse)
- at fjerne fordele (f.eks. gøre en tilbageholdende forsvarsspiller i en given øvelse til en aktiv forsvarsspiller)

Gentage handler selvfølgelig om at – ja – få gentaget en øvelse, en detalje eller lignende, indtil den sidder fast. Indtil man bliver god til det. Man kan også sige, at en given handling skal gå fra at være tænkt til at være instinktiv. Det bedste eksempel, jeg kan komme på, er når man skal at lære at cykle. Det tager tid og mange ture i asfalten, før man lærer det, men når det er lært, så cykler man resten af livet uden at tænke over, hvor svært det var at holde balancen i starten.

Det handler om gentagelse, gentagelse og… rigtigt gættet… gentagelse.

Du kan gentage træningen af den samme detalje igen og igen og igen. F.eks. ved at lave den samme øvelse til hver eneste træning, indtil du når det resultat eller det niveau, du ønsker, spillerne skal opnå. Eller du kan arbejde med flere forskellige øvelser, der på hver sin måde har samme effekt/samme mål. Den sidste metode har den fordel, at spillerne oplever det som variation, ikke repetition og dermed ikke som værende monoton og kedelig træning.

Aktivitet – variation – specifikation

Når vi skal planlægge vores træningspas, så spillernes indlæring skærpes, bør vi tage højde for forholdet mellem følgende tre parametre:

1. Aktivitet
2. Variation
3. Specifikation

Aktivitet handler om at skabe høj aktivitet og intensitet i træningen, så spillerens indlæring sker gennem egne handlinger, dvs. "hun gør det selv".

Variation handler om at skabe så varieret og differentieret træning, at spilleren grundlæggende lærer samme færdighed med forskellig indfaldsvinkel, dvs. "lærer det samme via forskellige øvelser".

Specifikation handler om, at spilleren skal arbejde med detaljen. Hun skal blive bedre til det, hun træner. Man kan også kalde det funktionel aktivitet, dvs. "det er ikke nok at kunne det, det skal kunnes til perfektion".

Det er vigtigt, at vi som trænere er bevidste om disse forhold – ikke nødvendigvis i alle træningspas, men gennem et forløb. De enkelte forhold behøver ikke at være modstridende. Man kan sagtens kombinere *variation* med *specifikation* over tid. God *variation* handler som tidligere nævnt ofte om at nærme sig samme træningsmål på forskellig måde. Skal det kombineres med *specifikation*, betyder det blot, at man hellere skal variere over samme tema end at variere mellem forskellige temaer, indtil den ønskede læring er på plads. *Variation* og *specifikation* kan selvfølgelig begge kombineres med *aktivitet*.

Ud over forholdet mellem *aktivitet*, *variation* og *specifikation* er det også vigtigt, at du har øje for den rigtige balance mellem *aktivitet* og instruktion (coaching). Spilleren skal helst lære gennem sin egen indsats. Din vejledning, instruktion m.m. er nemlig kun *en hjælp til selvlæring.* Spilleren skal lære gennem praktisk handling.

Med dette in mente skal vi som trænere være bevidste om følgende:

- At spilleren får tid og rum til at træne. Hun skal have lov til at prøve, til at fejle og til at gøre egne erfaringer
- Hvornår det (jf. punktet ovenfor) er tid at standse en øvelse for at vejlede, opsummere eller gøre status
- Hvor meget vejledning vi skal give. Vi kan snakke selv den bedste øvelse ihjel, husk det! Spilleren arbejder, så det er begrænset hvor meget ny information hun kan kapere i situationen – særligt hvis det stopper et ellers godt flow i øvelsen...
- Kan vi vejlede uden at standse øvelsen? F.eks. ved individuelle snakke med spillere, der holder pause eller venter på, at det bliver deres tur? F.eks. ved at hæve stemmen og give korte instruktioner til alle uden nødvendigvis at bede dem stoppe op og stå stille (du ved bedst selv, om det er muligt i situationen)
- Hvornår skal vi skifte øvelse? Skifte tema? Hvornår giver det ikke mening at blive ved med det samme "i momentet", men hellere skifte og måske genbesøge samme tema eller øvelse i næste træningspas?

Der findes ingen definitive svar på ovennævnte, for det afhænger både af situationen og din egen fornemmelse omkring det hold, den gruppe spillere, du arbejder med.

Pyha...

Næsten alle trænere – uanset niveau – er nødt til at forholde sig til de ting, jeg har beskrevet på de foregående sider.

Men efterhånden som du har været træner i et stykke tid, vil du opdage, at en stor del af din planlægning sker helt af sig selv: Det kaldes erfaring. Erfaring må *aldrig* blive en undskyldning for ikke at være grundig – for ikke at bruge tid på at planlægge – husk det! Ikke noget med at snyde på vægten.

Genvejen til den gode træning

Afslutningsvis har jeg opsummeret det, du både i din planlægning og i din trænerrolle skal være opmærksom på, i en letlæselig oversigt. Punkterne er ikke listet i prioriteret rækkefølge. Rækkefølgen er nemlig ikke vigtig. Helheden er vigtig.

Noget vil du opleve som værende gentagelser fra foregående. Men… hvordan var det nu, det var? Gentagelser skader jo ikke…

- *Vær velforberedt.* Sørg for at have styr på dagens øvelser. Spillerne kan mærke, hvis du er usikker, og det undergraver din autoritet. Med andre ord, *vær sikker i træningsstoffet.* Kend øvelserne; usikkerhed undergraver spillernes tro på dig, også på det, der er rigtigt. Forbered eventuelt alternative øvelser og gerne flere, end du på forhånd ved, der er tid til. Hav hellere for meget end for lidt materiale med. Der kan hurtigt ske noget uventet, og så er det godt at have en plan B.

- *Vær helt bevidst om formålet med træningspassets øvelser.* I bund og grund kan du ikke formidle noget, du ikke selv forstår.

- *Hav styr på, hvilke hjælpemidler (kegler, overtrækstrøjer m.m.), der skal bruges.* Mød i god tid, så du kan sikre dig, at de ting, du skal bruge til dagens program/øvelser, er i hallen.

- *Hav styr på, hvilke opstillinger, der skal benyttes.* Du skal ikke bare finde kegler og lignende frem (se foregående punkt), du skal også have styr på, hvor de skal placeres, og så vidt muligt lave dine opstillinger i naturlige pauser i træningen, så spillerne ikke skal vente unødigt. Uddeleger om muligt opgaven til spillere, hjælper eller lignende.

- *Brug fløjten.* Væn spillerne til, at når du bruger din fløjte, så skal al aktivitet stoppe, og de skal være opmærksomme på dig.

- *Få samling og vær synlig.* Er spillerne fordelt i hallen, så få dem samlet, mens du instruerer, og lad dem gå tilbage efterfølgende, når de skal arbejde igen. Sørg for, at alle kan se dig, når du instruerer dem.

- *Tal, så alle kan høre det.* Og i et sprog, som alle forstår.

- *Giv få, korte og præcise beskeder.* En besked skal som udgangspunkt indeholde svarene på:
    - Hvad skal der foregå?
    - Hvor skal det foregå?
    - Hvornår begynder vi?
    - Hvornår stopper vi – hvor lang tid køres øvelsen?
    - Hvor og hvornår kommer næste besked?

- *Giv spillerne tid til at tænke over beskeden.* Afhængig af niveau og hvor kendt øvelsen er, så giv spillerne tid til at reflektere over beskeden; spørg eventuelt ind til, om beskeden er forstået. Gå ikke videre, før du har sikret dig, at alle har forstået budskabet – og husk, at det ikke behøver at være spillerne, der er "fattesvage", hvis beskeden ikke er forstået. Kig også indad og spørg dig selv, om beskeden blev afleveret "forståeligt". Spillerne ved ikke, hvad du tænker, de hører, hvad du siger!

- *Beskeder til enkeltpersoner skal gives personligt.* Eventuelt skriftligt. Lad ikke de andre spillere vente på, at "Laura og Sandra får deres individuelle beskeder".

- *Sørg for ro.* Væn spillerne til at holde bolde og sig selv i ro, når du taler. Og ikke mindst, at ingen andre taler, når du har ordet.

- *Vis og forklar øvelserne så omhyggeligt som muligt.* Husk, at spillerne hører, hvad du siger, og ser hvad du gør; de ved ikke hvad du tænker... trods alt.... og heldigvis! Brug ikke for mange ord og sætninger, som spillerne ikke forstår. Sørg for, at alle ved, hvad de skal, inden du starter øvelsen. Brug gerne andre spillere til at vise en given øvelse, hvis du ikke selv kan vise den – det er jo ikke altid, at vi som trænere er helt så atletiske som vores spillere…

- *Brug positive rettelser.* Og husk at forklare årsagen til rettelsen.

- *Brug korte forklaringer; start øvelserne og lad spillerne arbejde.* Husk, at du skal forklare – instruere – rette – rose osv. Spillerne skal ikke høre på dine retoriske talegaver; du skal ikke være centrum! Og husk at tale højt og tydeligt.

- *KIS – Keep It Simple.* Start en given øvelse simpelt og i langsomt tempo. Øg langsomt tempo og krav til udførelse. Hav i prioriteret rækkefølge fokus på blot at kunne gennemføre øvelsen, så at kunne gøre det bedre og derefter perfekt for til sidst at forstå hvorfor og kunne se eventuel spilrelevant sammenhæng. Man kan også starte med "hvorfor", hvis det giver mening at kende målet for at være i stand til bedre at lære. F.eks. ved indlæring af en angrebsåbning at oplyse, hvad spilmønstret skal munde ud i af afslutningsmuligheder.

- *Sørg for høj aktivitet.* Brug øvelser, der giver høj aktivitet. Det giver bedre flow i din træning.

- *Sørg for, at stoffet er forståeligt.* Brug øvelser, der er lette at forstå, og som ikke kræver lange, indviklede forklaringer.

- *Brug gentagelser.* Hvorfor holde op med at bruge noget, der virker? Vær ikke bange for at gentage øvelser, der virker! Brug gerne samme øvelse flere gange. Variation er godt, men ikke for meget. Hold fokus på målet, ikke på at vise, hvor mange øvelser du kender!

- *Brug ikke for mange øvelser.* Du skal, som antydet ovenfor, ikke vise alle dine evner på én træningsaften. Vælg få og velvalgte øvelser tilpasset spillernes evner.

- *Opdel spillerne.* Er der mange spillere, så opdel dem i mindre grupper, gerne efter niveau. Det giver mindre ventetid, mindre støj, bedre afvikling, og det er lettere for spillerne at modtage en besked og koncentrere sig om øvelsen.

- *Undgå ventetid.* Spillere, der venter, bliver let utålmodige. Undgå køer og lav alternativ træning, hvis der skal ventes. Man kan f.eks. godt tage armstræk, mens man venter på, at det bliver ens tur.

- *Lad øvelserne udvikle sig.* Start med de simple og gå efterfølgende til de komplekse, ikke omvendt!

- *Husk at øvelserne også skal udfordre spillerne.* Indlæg øvelser, der ikke kun er simple, men som også udfordrer i tanke og handling.

- *Vi træner for at spille kampe.* Indlæg så mange kamprelevante øvelser som muligt og gerne øvelser, der træner spillerne i at træffe valg undervejs. Improvisation og variation er ikke skældsord.

- *Træning skal være sjovt.* Udover, at træningen skal ramme spillergruppens niveau, skal den også være sjov, uden at den bliver useriøs. Det kan være en hårfin balance, men det er muligt!

- *Vær i godt humør.* Et glimt i øjet og et smil tager toppen af mange konflikter, og igen, husk at det skal være sjovt at spille håndbold.

- *Mød i god tid.* Så har du tid til at tale med folk, orientere dig om bolde, trøjer m.m.

- *Vær præcis.* Tolerér ikke sløseri og ligegyldighed.

- *Vær altid omklædt.* Det giver en naturlig sikkerhed og autoritet.

- *Vær tålmodig.* Undgå at vise synlig irritation, hvis spillerne ikke med det samme "forstår dine geniale ideer".

- *Vær myndig.* Men vær forstående. Spillerne har ikke altid evnen til at gøre det rigtige med det samme.

- *Vær veloplagt.* Din energi smitter!

- *Gør ikke forskel.* Husk: Ved at behandle spillerne ens, behandler du dem forskelligt.

- *Husk at rose spillerne.* Og forklar, hvad du roser for.

- *Vær nærværende.* Vis, at du er optaget af lige netop *denne* flok spillere og kan lide at være sammen med dem.

- *Vær konsekvent.* Du sætter dagsordenen. Er der nogen, som ikke følger den, skal du straks gribe ind! Gør du det ikke, mister spillerne deres respekt for dig, og der kan sættes spørgsmålstegn ved din autoritet.

- *Bryd aldrig en aftale.* Spillerne skal kunne regne med det, du siger, og stole på, at du overholder det, du lover.

6. Evaluering/revision/korrektion

En vigtig del af en planlægningsproces er at drage lære af sin planlægning og de deraf afledte handlinger. Som de stiplede pile tilbage fra punkt 6. Evaluering/revision/korrektion til henholdsvis punkt 1. Forberedelse/grundlag, 3. Års-/detailplan og 5. Træning antyder, så er det vigtigt hele tiden at følge op på (evaluere) og på den baggrund måske revidere planerne.

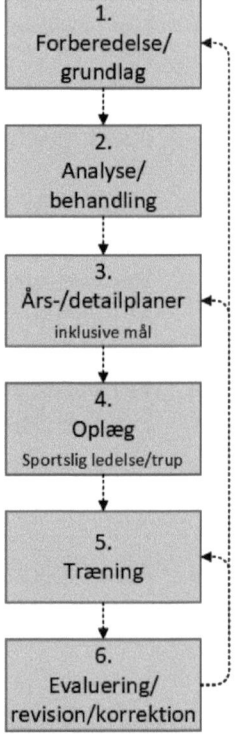

Det er ikke sikkert, men sandsynligt, at en revision også fører til en korrektion, hvis ændringen afviger for meget i forhold til acceptabel tolerancegrad. Ingen plan er statisk. Hvis forudsætningerne undervejs ændre sig så meget, at det får indflydelse på den igangværende sæsonplanlægning, f.eks. at målsætningen ikke kan nås indenfor de givne muligheder, eksempelvis ved skader eller graviditet til nøglespillere, at et ungdomshold ikke kommer i den forventede række eller lignende, så ikke bare bør du, nej så har du næsten *pligt* til at genbesøge din plan og rette til.

Hvis du i dine planer f.eks. har forudsat, at holdet skal dække et offensivt alternativ til det normale 6:0 forsvar og du havde ønsket, at det skulle være 3:2:1, men at holdet af forskellige årsager ikke kan dække det, så må du – hvis du ønsker at bibeholde et offensivt alternativ – gå tilbage og korrigere dine planer. Det smitter af på din træning. Her skal omstilles til en ny variant, f.eks. 5:1. Og så videre.

Hver gang du ændrer i en forudsætning, skal du genbesøge dine planer, måske analysere helt forfra og sandsynligvis også ændre i din planlagte træning. Forløbet følger næste sides figurs simple cyklus.

- Du planlægger
- Du udfører det, du har planlagt
- Du evaluerer det udførte
- Du korrigerer din plan
  ud fra din evaluering
- Du ændrer i planen
- Og forfra

... hen over hele sæsonen.

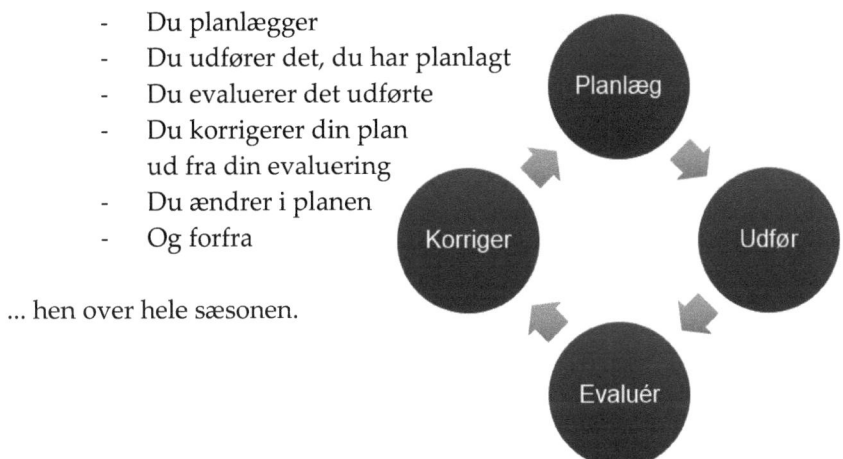

Det er en god ide at føre en logbog over forløbet. Præcis som nævnt under afsnittet om at sætte mål og følge op på dem. Ved at nedskrive dine evalueringer (både gode og dårlige) og dine korrektioner i logbogsform, så bibeholder du erfaringer og historik, som du kan trække på, næste gang du står foran indgangen til en ny sæson, hvor du atter skal planlægge. Det er aldrig dumt at vide, hvad der gik skidt... og ikke mindst godt.

Inspirationsmaterialer

Alle præsentationer/oplæg m.m. i dette afsnit er *alene* til inspiration. At lave et oplæg eller en præsentation er ofte noget helt personligt og som den kvikke læser – dig! – sikkert hurtigt vil se, så har jeg en tendens til at benytte samme "skabelon", samme måde at gøre tingene på. Selv om der er +10 år mellem den første og den sidste præsentation/det første oplæg, jeg har anonymiseret og brugt her, så skal man ikke læse ret langt for at finde ud af, at de alle er skrevet af den samme person: Mig.

Derfor…

Brug dem som inspiration, hvis du har behov for det – ellers lad være.

Jeg vil faktisk gå så langt som til at sige, at jeg måske ikke engang selv lever op til mine velmenende råd og anvisninger i afsnittet om at lave et oplæg. Det skrev jeg vist også i det afsnit?

Derfor er det vigtigt, at du gør de forskellige elementer til dine egne, at du sætter dit eget individuelle præg både sprogligt og layoutmæssigt. Som sagt, det er kun inspirationsmaterialer, ikke et færdigt produkt.

Præsentationerne/oplæggene i dette afsnit er udarbejdet i enten Microsoft Word eller Microsoft PowerPoint. Det kunne lige så vel være Googles tilsvarende produkter eller et open source-program. Valg af program er ikke vigtigt, det er til gengæld det færdige resultat.

Fodnote om slide nr. på billederne af PowerPoint slides er her kun medtaget for at "holde orden på rækkefølgen". Fodnoten skal selvfølgelig ikke medtages på dine egne slides.

Eksempel på oplæg til bestyrelse eller sportslig ledelse forud for ny sæson

Oplæg til års-/sæsonplan for _____ til_____

Indhold:
- A. Krav til spillere
- B. Målsætning
- C. Årsplan
- D. Gennemførelse
- E. Taktisk fundament
- F. Opstart "Åben Træning"

A. Krav til spillere

Aerob:
Spillerne skal have en god grundform aerob (aerob form) igennem hele turneringspasset. Denne skal opbygges med fokus på iltoptagelse i maj til juli, løbetræning interval og distance.

Styrke:
Maj til juli skal styrke prioriteres højt. Minimum 2 gange om ugen. Skadesforebyggende træningspas ligger sammen med styrke.

Træningskrav:
Hvis målsætningen skal holdes, skal vi have opbygget en god træningskultur. Det vurderes, at vi kan gøre dette ved at kombinere træningskultur med den sociale adfærd. Med dette menes, at der også tages højde for, at gruppen mødes i socialt samvær i stedet for kun til træning. Dette bevirker en samhørighed som vil gavne træningskrav/mentalitet.

B. Målsætning
- 20xx/20xy top-5
- 20xy/20xz Oprykning til xxx.
- 20xz/20xæ Etablering i xxx
- Opbygning af trænings- og klubmentalitet*

*Dette skal ske bla. ved at kombinere den fysiske træning med efterfølgende sociale sammenkomster eller konkurrencer. Skal detailplanlægges i samarbejde med klub, spillerrepræsentanter m.m.

C. Årsplan
Sæsonen opdeles i 5 perioder:
1. Maj – juni (3 x træningspas)
2. Juli (ferie)

3. August – september (3 x træningspas)
4. Oktober-november-december (3 x træningspas)
5. Januar-februar-marts (april) (3 x træningspas)

Træningsdage, periode 1 og 3:
- Tirsdage og torsdage kl. xx-xx i hal – løb fra kl. xx
- Lørdage kl. xx-xx i hal – styrkecenter

Træningsdage, periode 4 og 5:
- Tirsdage og torsdage kl. xx-xx i hal
- Lørdage kl. xx-yy i hal – styrkecenter

D. Gennemførelse
Spillerantal
Der fastlægges hurtigst muligt en Trup 1 på 15 spillere, heraf 3 MV. Resten udgør Trup 2. Trupperne er ikke statiske, der vil løbende ske tilpasning (form, skader m.m. spiller ind).

Antal træningspas
3 x træning pr. uge i alle måneder, undtagen juli.

Styrke/aerob træning
Optimalt er styrketræning på en selvstændig dag, men som udgangspunkt planlægges med at det sker i forlængelse af den ene træning (af hensyn til ikke at udvide med fjerde træningsdag). Vi kan lave en del selv med egen kropsvægt, og pigerne skal selvtræne med styrkeøvelser/helkropsøvelser ved siden af (f.eks. squat, launches, bænk- og benpres), helst et par gange om ugen. Program udarbejdes.

E. Det taktiske fundament.
Punktet afhænger af holdets personelle sammensætning, men der vil være nogle grundlæggende ting som skal ligge som et fundament i vores spillestil. Dette kan selvfølgelig tilpasses eller helt fraviges, hvis det ikke er muligt med spillermaterialet til rådighed.

Målvogter
- Kontrastarter, hurtigt at sætte bolden i spil (kontra, hurtigt opgiver-kast m.m.)
- Aftaler med forsvar
- Afdække mangler og arbejde specifik med udvikling (videotræning, sparring m.m.)
- Fastholde og træne spidskompetencer

Målvogtertræning vil indgå som en fast bestanddel af haltræningen.

Forsvar

Forsvaret skal stabiliseres ved at få mere relevant, rigtig og aktiv bevægelse og ved at træne faste aftale omkring:

- Handlekraft
- Beslutningsdygtig/forudseende
- Holde sit eget forsvarsområde

Som udgangspunkt skal alle arbejde forskudt og rundt om angrebsstreg. Man må aldrig arbejde på samme angrebsspiller. Vi skal arbejde med faste aftaler agere ved angrebsåbninger.

1'erne skal som udgangspunkt dække 1:1 – dog fastholder vi, at de tager evt. overgang fra angrebsfløj offensivt mod back. Når 1'ere bakker deres 2'er op, skal bolden bringes til spilstop.

2'erne skal ligeledes dække mere 1:1 og som udgangspunkt altid selv dække udad, men forvente opbakning/bytte om streg indad.

3'erne må aldrig stå parallelt, men skal arbejde forskudt offensivt, aggressivt bolderobrende. I det hele taget skal vi tænke og agere med initiativ offensivt fremad.

Vores base er 6:0 forsvar, men vi skal kunne arbejde med defensiv 3:2:1 og normal 5:1.

Der skal laves så mange spilstop og frikast som muligt for at bryde angrebsholdets spilrytme.

Kontra
- Vi skal udvise parathed (hurtig omstilling forsvar-angreb)
- Arbejde ud fra forsvarszonen hurtigt ind i angrebszonen, ud fra opstillingen 2 dybe fløje, streg klar på én af de to 2'ere i angrebssiden, hvor back kan lægge første pres (afslutte selv eller situationsbestemt sætte presset ind derfra)
- Hurtig midte (tællefejl til perfektion)
- Målvogter som angrebsstarter
- Målsøgende driblinger ved 1:1
- Vi skal være gode til at "binde" forsvarsspiller – og stadig kunne spille bold
- Intet forsvar står med parader i angrebets contra fase, det skal udnyttes
- Fokus på temposkiftet så tekniske fejl minimeres i denne fase (vurderingsspillet)
- Fokus på det brede spil og på farten i presser og aflevering.

Etableret angreb
- Altid målsøgende, aldrig sidelæns
- Beherske standard kryds-, overgangs- og duelspil (skal ligge som automatismer i spillet)
- Hver spiller skal kunne kaste og gribe i højt tempo, skal beherske temposkift, skal kunne tænke og agere i spillet ud fra den ønskede "fart i spillet"
- Spille ud fra faste angrebsåbninger og aftaler (hver åbning er netop en åbning, som der ud fra vurdering skal kunne improviseres ud fra) – husk, en åbning er et værktøj, ikke et færdigt produkt
- Vi skal arbejde med individuel spilforståelse i en kollektiv sammen-hæng

F. Opstart "Åben Træning".
Der afholdes opstartsmøde dd.mm.yyyy kl. xx – og første, åbne træning dd.mm.yyyy kl. xx-yy

Program for opstartsmødet:
Præsentation af trænerteam og bestyrelse
1. Målsætning 2019/2020 (bestyrelse)
2. Præsentation af ny spillerdragt
3. Træning i Næstved Arena.
4. Spørgsmål "hatten rundt"
5. Eventuelt.

Afslutning med sandwich og vand.

Eksempel på sæsonplanlægning 1 – den korte udgave

Sæsonplan for _____ 20xx

Maj-juni 20x1 (pre-sæson)
- Haltræning 2 gang ugentlig (1½ time)
- Fysisk træning /skadesforebyggende træning (indlejret i alm. haltræning)

Juli 20x1
- Ferie!!!

August 20x1 (opstartsfase 1)
- Haltræning 3 gang ugentlig (1½ time)
- Løb i forbindelse med træning ca. 30 min. /hver træning
- Fysisk træning /skadesforebyggende træning (indlejret i alm. haltræning)
- Løbetræning (selvtræning) efter program
- Weekendtræning 1 søndag (5 timer)
- Træningsstævne (alternativt i september) + træningskampe

September 20x1 (opstartsfase 2)
- Haltræning 3 gang ugentlig (1½ time)
- Løb i forbindelse med træning ca. 30 min.
- Fysisk træning /skadesforebyggende træning (indlejret i alm. haltræning)
- Løbetræning (selvtræning) efter program
- Weekendtræning 1 søndag (5 timer)
- Træningsstævne (alternativt i august) + træningskampe

Oktober-december 20x1 (turneringsfase 1)
- Haltræning 3 gang ugentlig (1½ time) – vær opvarmet klar til træningsstart
- Fysisk træning /skadesforebyggende træning (indlejret i alm. haltræning)
- Løbetræning med fokus på hurtighed indlejres i haltræning
- Løbetræning (selvtræning) efter program
- Fysisk træning (selvtræning - frivilligt)
- Trænings- og turneringskampe

Januar – april 20x2 (turneringsfase 2)
- Haltræning 3 gang ugentlig (1½ time) – vær opvarmet klar til træningsstart

- Fysisk træning /skadesforebyggende træning (indlejret i alm. hal-træning)
- Løb i forbindelse med træning ca. 30 minutter
- Løbetræning (selvtræning) efter program; intensivt efter julepausen, derefter gradueres
- Trænings- og turneringskampe

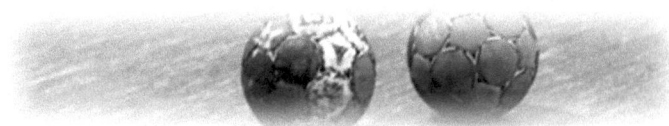

Eksempel på sæsonplanlægning 2 – den udvidede udgave

Sæsonplanlægning for _____ 20xx

Ledeord:
"Håndbold er som udgangspunkt et simpelt spil – det skal vi ikke ændre på. Selv om spillet kan spilles med stor diversitet og mange variationer, så er det stadig det hold, der laver færrest fejl, der statistisk vinder kampene."

Som basis skal vi derfor
- Kunne kaste og gribe i fart og under pres – kunne spille med stor boldsikkerhed
- Spille spillet så simpelt som muligt
- Fokuserer på at minimere fejl

Og derudover
- Spille kampene som selvstændigt tænkende individer – men vi skal vinde dem som et kollektiv
- Holde fokus på teamet; ingen enkeltperson er vigtigere end holdet – alle har en funktion, ikke nødvendigvis lige vigtig, men ingen kan undværes
- Holde fokus på vores sociale adfærd: Behandle andre som vi selv vil behandles
- Respektere – og udnytte – hinandens forskelligheder
- Huske at det er sjovt at spille håndbold … men sjovest at vinde!

Sæsonens fire faser
1. Før sommerferien
2. Opstartsfase
3. Turneringsstart → jul
4. Jul → Turneringsslut

Fase 3 og 4 er træningsmæssigt stort set ens – det handler primært om behov, sekundært fokus, dosering og intensitet i træningen og tertiært om at måle den mentale temperatur på holdet. Og så handler det fra sidst i fase 3 henover fase 4 om at have fokus på udviklingsområder, afdækket undervejs, samt vedligehold og udvikling af allerede opnåede færdigheder.

Fase 1 (maj - juni)

Træning:
- 2 x træning i hal pr. uge á 1½ time. Spillerne skal møde opvarmet ved træningsstart.
- Træning tilrettelægges ud fra, at spillerne er minimum 80 % opvarmet.

Hal:
- Løb og fysisk træning er indlagt i haltræning
- Almen boldtræning (kaste- og gribe i løb, grundspil med tempo m.v.)
- Angrebstræning (kontra, angrebsåbninger, pres-, kryds- og overgangsspil, aftaler 2/2 m.m.)
- Forsvarstræning (defensive og offensive varianter)
- Målvogtertræning
- Spilpraksis

Øvrigt:
- Spillermøde ved opstart og kort før ferie (opstartsmøde= præsentationsmøde)
- Eventuelle træningskampe
- Iagttagelse af spillere, korte individuelle samtaler
- "Interne" trænermøder

Procentvis fordeling af fase 1's aktiviteter

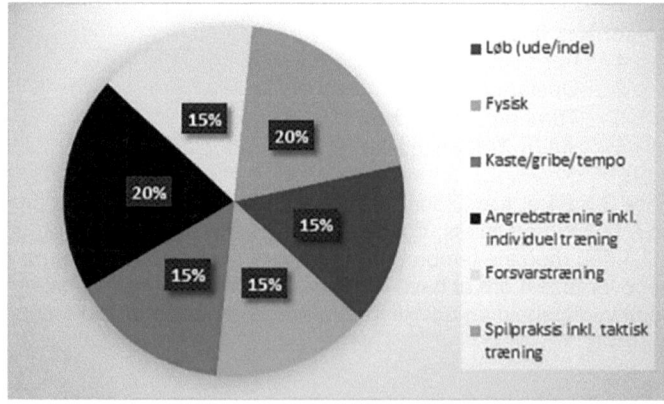

Fase 2 (august-september)

Træning:
- 2 x træning i hal pr. uge á 2 timer
- Løb før træning ca. 1 time
- Fysisk træning i styrkecenter 1 x ugentligt efter program – ca. 1 time (gerne flere på eget initiativ)
- Styrke-/koordinationstræning indlagt i træningen

Løb:
- August primært konditionsopbyggende (lange interval og kortere distancer)
- September begyndende hurtighedstræning (lange og korte interval og korte spurter)

Hal:
- Koordinations-, balance- og springtræning med indlagt styrketræning. Primært måtte- og stigetræning, sekundært stepbænke.
- Almen boldtræning (kaste- og gribe i løb, grundspil med tempo m.v.)
- Angrebstræning (kontra, angrebsåbninger, pres-, kryds- og overgangsspil, aftaler 2/2 m.m.)
- Forsvarstræning (defensive og offensive varianter, sammensat og individuelt)
- Målvogtertræning
- Spilpraksis
- Individuel angrebstræning, spidskompetencer og udviklingsområder. Gradvis fokus på pladsspecifik træning

Øvrigt:
- Træningsstævne/-weekend
- Træningskampe
- Løbetests
- Korte statusmøder af 5-10 min. varighed med spillerne
- "Interne" trænermøder

Procentvis fordeling af fase 2's aktiviteter (kun hal)

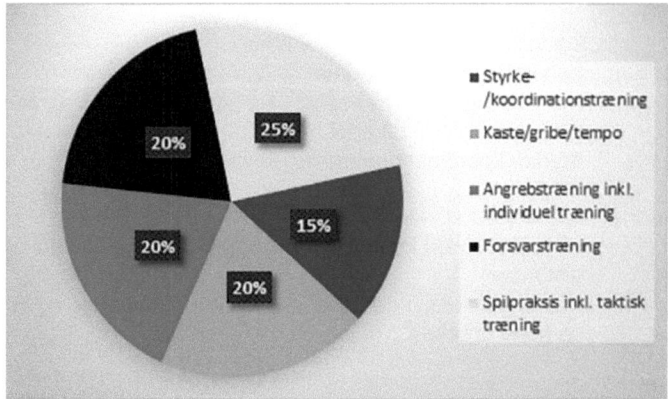

Fase 3 (oktober til december)

Træning:
-   2 x træning i hal pr. uge á 2 timer
-   Løb før træning ca. 45 minutter
-   Fysisk træning i styrkecenter 1 x ugentligt efter program – ca. 1 time (gerne flere gange på eget initiativ/frivillig basis)
-   Styrke-/koordinationstræning indlagt i træningen

Løb:
-   1 x distance, alternativt lange intervaller
-   1 x hurtighedstræning (korte spurter – korte intervaller)

Hal:
-   Koordinations-, balance- og springtræning med indlagt fysisk træning. Primært måtte- og stigetræning, sekundært stepbænke
-   Almen boldtræning (kaste- og gribe i løb, grundspil med tempo m.v.)
-   Angrebstræning (kontra, angrebsåbninger, pres-, kryds- og overgangsspil, aftaler 2/2 m.m.)
-   Forsvarstræning (defensive og offensive varianter, sammensat og individuelt)
-   Målvogtertræning
-   Spilpraksis
-   Individuel angrebstræning, spidskompetencer og udviklingsområder inklusiv fokus på pladsspecifik træning

Øvrigt:
- Turneringskampe
- Eventuelle træningskampe, hvis behov
- Løbetests
- Spillermøder, hvis relevant
- Korte statusmøder af 5-10 min. varighed med spillerne
- "Interne" trænermøder

Procentvis fordeling af fase 3's aktiviteter (kun hal)

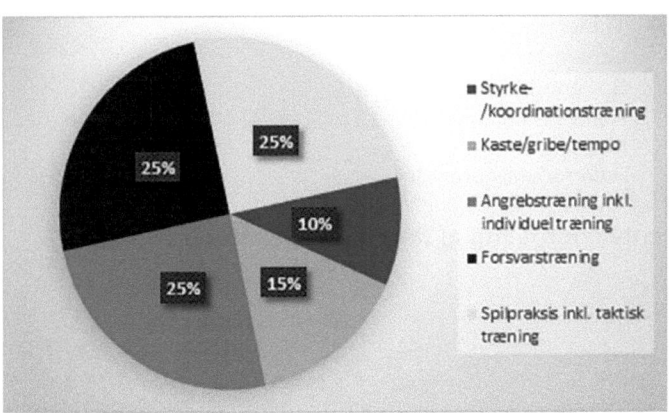

Fase 4 (januar til april)

Træning:
- 2 x træning i hal pr. uge á 2 timer
- Løb før træning ca. 45 minutter
- Fysisk træning i styrkecenter 1 x ugentligt efter program – ca. 1 time (gerne flere gange på eget initiativ/frivillig basis)
- Styrke-/koordinationstræning indlagt i træningen

Løb:
- Mellemdistance (konditionsvedligeholdende)
- Hurtighedstræning indlagt i haltræning (korte spurter – korte inter- valler)

Hal:
- Koordinations-, balance- og springtræning med indlagt fysisk træ- ning. Primært måtte- og stigetræning, sekundært stepbænke
- Almen boldtræning (kaste- og gribe i løb, grundspil med tempo m.v.)

- Angrebstræning (kontra, angrebsåbninger, pres-, kryds- og overgangsspil, aftaler 2/2 m.m.)
- Forsvarstræning (defensive og offensive varianter, sammensat og individuelt)
- Målvogtertræning
- Spilpraksis
- Individuel angrebstræning, spidskompetencer og udviklingsområder, gradvis fokus på pladsspecifik træning

Øvrigt:
- Turneringskampe
- Løbetests
- Spillermøde, hvis relevant
- Korte statusmøder af 5-10 min. varighed med spillerne (under træningen)
- "Interne" trænermøder

Procentvis fordeling af fase 4's aktiviteter (kun hal)

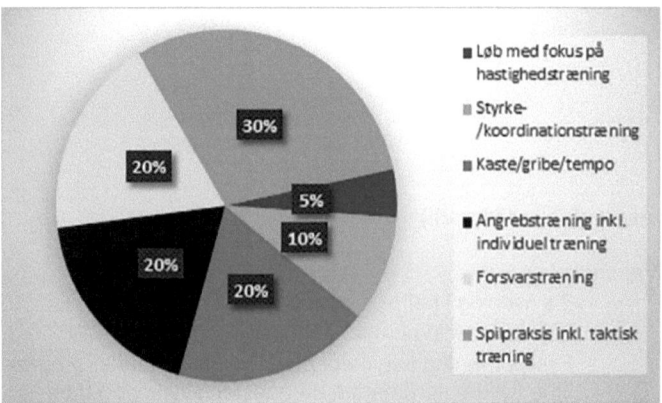

Procentvis fordeling i sidste del af fase 3 og i fase 4 afhænger af afdækkede udviklingsområder (holdets behov for intensivering af udvalgte træningsområder), samt vedligehold af allerede opnåede færdigheder.

Tanker om angrebsspillet...

- Som udgangspunkt skal vi spille med stor tålmodighed i det etablerede angrebsspil
- Vi skal spille med aktiv styring
- Vi skal bruge vores stregspiller aktivt; ikke kun som passiv screeningsspiller
- Vi skal forsøge at spille pres-, overgangs- og krydsspil som et naturligt element af spillet; ikke noget, der skal styres eller startes – ikke et specifikt system, men aftaler mellem 2 eller 3 spillere
- Vi skal som minimum kunne spille 2-3 åbninger mod 6:0 og 1-2 mod 5:1 forsvar – og kunne improvisere ud fra dem
- I overtal skal vi spille bredt og gå efter afslutning fra én af de to backs eller center. Alternativt spille 4-2. Enten ved udskiftning, så der bringes 2 stregspillere på banen, eller ved overgangsspil fra center/back
- I undertal spiller vi uden stregspiller; streg går på fløj efter træneranvisning, eller udskiftes
- Vi skal løbe kontra hver gang og gradvist arbejde med systematik i løbebaner (stort kryds m.m.)
- Vi skal arbejde med individuel spilforståelse i kollektiv sammenhæng

Tanker om forsvarsspillet...

- Som udgangspunkt dækkes 6:0, alternativt 5:1
- Arbejde med offensiv variation i form af 4:2 eller 3:2:1 og individuelt offensive pres punktvis fra 2'er eller 3'er
- Ved returløbsforsvar skal vi som udgangspunkt generer modstanderholdets opspil mest muligt for at forhindre kontra og give tid til at selv at komme på plads forsvarsmæssigt
- I overtal dækkes normalt, alternativt med personlig opdækning, hvis modstanderholdet har en toneangivende spiller, der med fordel kan neutraliseres. I undertal skal vi gradvist arbejde med at dække 4:1 mod hold, der er usikre i boldomgang i angrebet
- Vi skal være meget tacklende og afvise alt på "vores" side af 3M-linjen
- Der skal arbejdes med parader i samarbejde med målvogter
- Forsvaret skal være kommunikativt

Eksempler på oplæg og informations-/præsentationsmøde forud for en sæson

Oplæg/informationsmøde med nyt hold 1 – Den korte udgave

Informationsmøde
"KLUB"
"HOLD"

Dato

Slide nr.   1

" *Et passende citat*"

– Og hvem der har sagt det

OM MIG, PRIVAT

- Navn
- Familiære forhold (kone/kæreste/børn)
- Erhverv
- Bopæl
- Andre vigtige/relevante oplysninger du vil dele med dit kommende hold

OM MIG og MIN HÅNDBOLD

- Kort CV
- Uddannele

"Legen med den harpiksklisterede bold er verdens bedste leg"

SIMPEL HÅNDBOLDFILOSOFI

Det hold, der har flest mål, når kampen er slut, får to point.
Det hold, der har færrest mål, får ingenting...

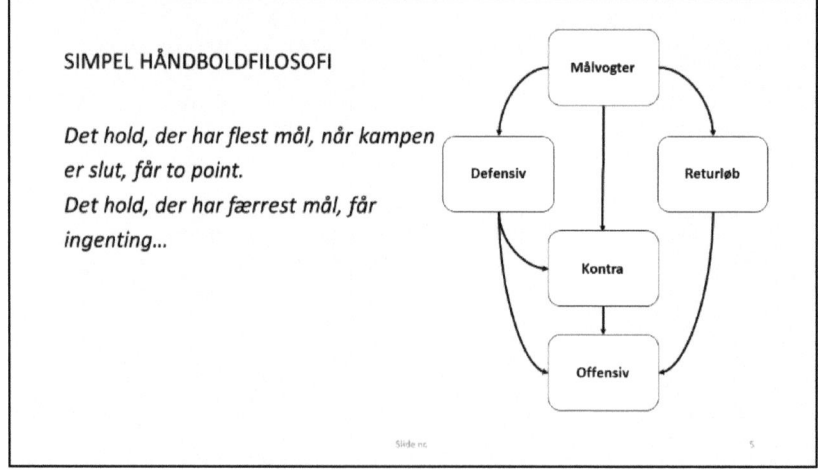

FÆLLES GRUNDLAG

- *Alle skal kunne kaste og gribe i højt tempo*
- *Alle skal kunne tænke og handle under pres*
- *Alle skal kende sin rolle og kunne handle ud fra den – og også improvisere!*
- *Alle skal kende vores aftaler (Hvem gør hvad? Hvornår?)*
- *Vi skal minimere antallet af fejl; det hold, der laver færrest fejl*
    vinder som oftest kampen
- *Gør tingene simpelt!*

OVERORDNET

- *Vi skal respektere hinanden, og udnytte at vi er forskellige*
- *Vi skal spille kampene som selvstændigt tænkende individer, men vi skal vinde dem som et **hold***
- *Vi skal spille med individuel spilforståelse i kollektiv sammenhæng*
- *Vi vil altid spille for at vinde, aldrig for "bare" at være med – og det skal være sjovt undervejs* ☺

MÅLVOGTER

- *Samarbejde med defensiven*
- *Hurtig angrebsstarter (kontra)*
- *Dirigent i returløbet*

DEFENSIV

- *Udgangspunkt situationsbestemt 6:0, alternativt 5:1*
- *Tydelige aftaler med målvogter*
- *Tydelige aftaler indbyrdes - hvem gør hvad, hvornår?*
- *Have offensiv tankegang, også selvom vi måske står lavt*
- *Være meget tacklende og afvise alt under 3M*
- *Arbejde med sidebevægelser, så forsvaret fremstår som én "blok"*
- *Være bolderobrende og afskærme spilmuligheder*
- *Kommunikere og vise initiativ*

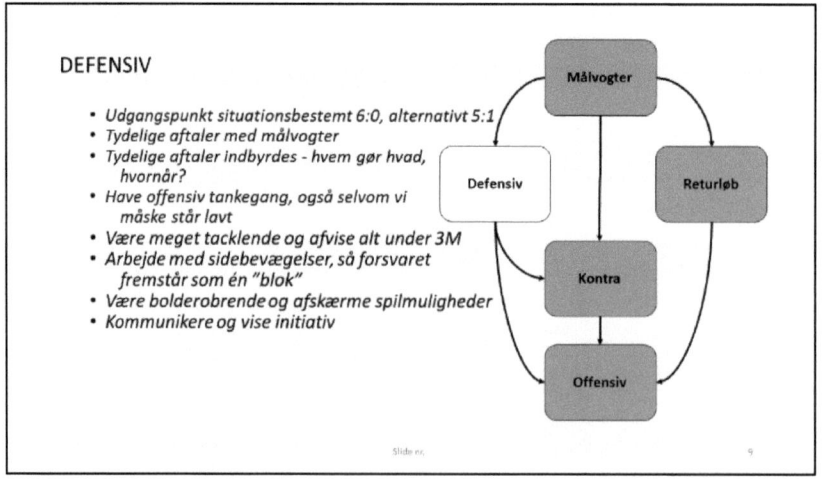

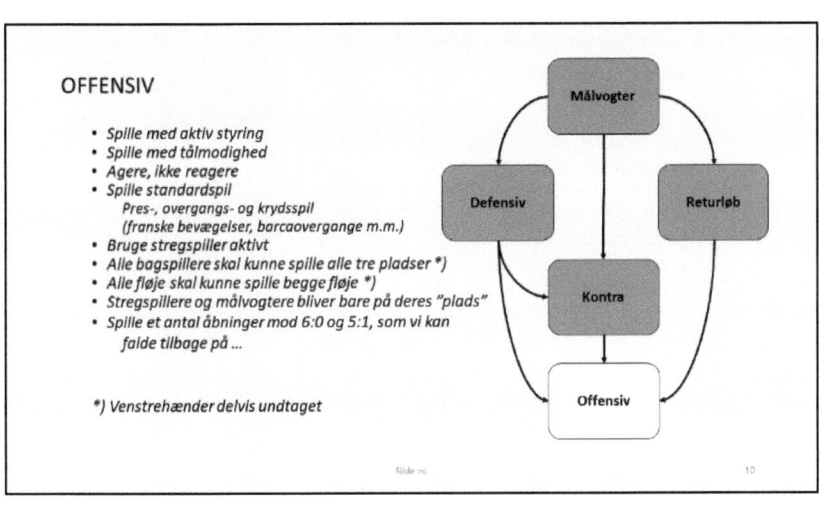

OFFENSIV

- *Spille med aktiv styring*
- *Spille med tålmodighed*
- *Agere, ikke reagere*
- *Spille standardspil*
  Pres-, overgangs- og krydsspil
  (franske bevægelser, barcaovergange m.m.)
- *Bruge stregspiller aktivt*
- *Alle bagspillere skal kunne spille alle tre pladser *)*
- *Alle fløje skal kunne spille begge fløje *)*
- *Stregspillere og målvogtere bliver bare på deres "plads"*
- *Spille et antal åbninger mod 6:0 og 5:1, som vi kan*
  falde tilbage på ...

*) Venstrehænder delvis undtaget

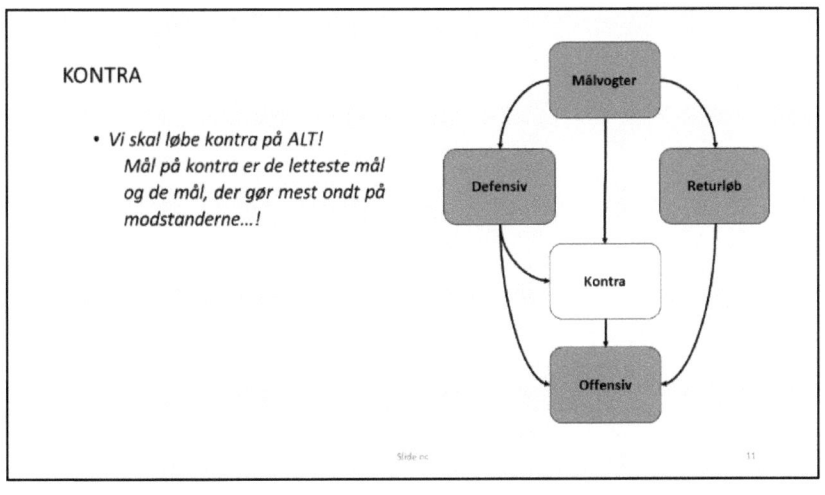

KONTRA

- *Vi skal løbe kontra på ALT!*
  Mål på kontra er de letteste mål
  og de mål, der gør mest ondt på
  modstanderne...!

RETURLØB

- *Forsvaret starter, når vi ikke længere har bolden – hvad enten vi har scoret, misset en afslutning eller blot lavet en teknisk fejl*
- *Som udgangspunkt skal vi hjem og på plads – men ikke nødvendigvis lige hjem. Forsøg altid at stoppe spilleren med bolden; lav frikast, så vi kan få forsvaret på plads*

Spørgsmål?

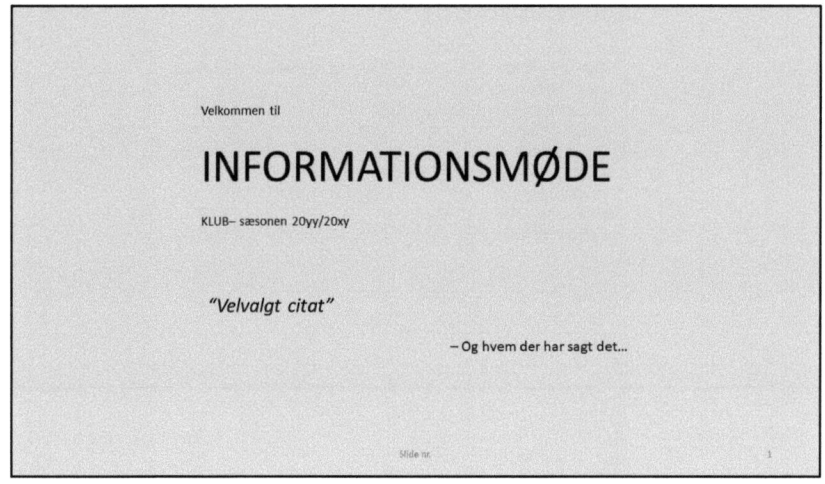

Velkommen til

INFORMATIONSMØDE

KLUB– sæsonen 20yy/20xy

"Velvalgt citat"

– Og hvem der har sagt det...

Slide nr.   1

Overordnet agenda:

- ➲ Velkomst og indledning v/formand AA
- ➲ Indlæg fra trænerteamet v/Cheftræner BB
- ➲ Afslutning og afrunding for aftenens fællesmøde v/formand AA

Slide nr.   2

Kultur/Værdier - KLUB

- **Glæde** – det skal være *sjovt at spille* – og det skal være sjovt at være med på sidelinjen
- **Samarbejde** – vi skal *samarbejde og udnytte* hinandens *kompetencer*
- **Sammenhold** – vi skal *stå sammen* – også når vi møder modgang
- **Fight** – vi skal *kæmpe* en vis del ud af bukserne
- **Forskellighed gør stærk** – vi skal udnytte at *vi er forskellige* og *tænker forskelligt*
- **Vi lytter til hinanden** – det er *vigtigt at vi lytter* til hinanden

Agenda for trænerindlæg:

➲ Præsentation
➲ Stikord, statements og tanker
➲ Sæsonens fire faser
➲ Praktik
➲ Kontakt

➲ Udfyld skema

Team:

Cheftræner: Træner BB

Assistenttræner: Træner CC

Træner, hold 2:   [TBA]

Holdleder: Holdleder DD

Træner BB

- Kort præsentation aftræner BB

Træner CC:

• Kort præsentation af træner CC

Hvorfor er vi her i dag?

"Vi har en mission"
• Vi skal etablere klubbens 1. hold sikkert i [række]
• Vi skal sikre oprykning for klubbens 2. hold, så afstanden mellem holdene formindskes

...og vi starter i dag!

Statement:
”Det hold, der laver færrest fejl, vinder kampen!”

Fokus på at skabe en fælles basis, herunder
- at kunne kaste og gribe i højt tempo og under pres
- at minimere fejl, kunne tænke og agere hurtigt
- at spille så effektivt og så simpelt som muligt
- at omsætte solid defensiv til aggressivt angrebsspil
- at respektere og udnytte hinandens forskelligheder
- at holde fokus på teamet, kampe spilles som selvstændigt tænkende individer, men vindes som et kollektiv
- at finde frem til en fælles vinderkultur; det er og skal være sjovt at spille håndbold – men det er nu sjovest at vinde!

Vi skal stræbe efter – i alle spillets facetter – at agere, fremfor at reagere!

Med andre ord – ganske simpelt:

Med udgangspunkt i en solid defensiv og en stærk målvogter, skal vi løbe stærkt, være i kontrol, undgå fejl og spille kreativt, tempofyldt men enkelt angrebsspil.

- Håndbold er generelt et simpelt spil!

Det betyder også...

- At vi må gå en smule på kompromis under de givne forhold: Den kollektive træning – for at skabe en enhed – bliver vægtet på bekostning af individet = mere kollektiv træning end individuel udvikling (i hvert fald det første stykke tid)

Ledetråden er:

"There is no I in the word team"

Tanker om angrebsspillet...

- Som udgangspunkt skal vi spille med stor tålmodighed i det etablerede angrebsspil
- Vi skal spille med aktiv styring
- Vi skal bruge vores stregspiller aktivt; ikke kun som passiv screeningsspiller
- Vi skal forsøge at spille pres-, overgangs- og krydsspil som et naturligt element af spillet; ikke noget, der nødvendigvis skal startes, men ligge som en automatisme i holdet
- Vi skal som minimum kunne spille 2-3 åbninger mod 6:0 og 1-2 mod offensive forsvar – *og kunne improvisere ud fra dem*
- Vi skal løbe kontra hver gang – både den lange aflevering og med systematik i løbebaner
- Vi skal arbejde med individuel spilforståelse – i kollektiv sammenhæng

Tanker om forsvarsspillet...

- Som udgangspunkt dækkes 6:0
- Arbejde med offensive variationer i form af 5:1 fransk, 5:1 almindeligt, 4:2 eller måske 3:3 – alt afhængig af spillermateriale ...
- Ved returløbsforsvar skal vi som udgangspunkt generer modstanderholdets opspil mest muligt for at forhindre kontra og give tid til at selv at komme på plads forsvarsmæssigt
- I overtal dækkes normalt, alternativt med personlig opdækning, hvis modstanderholdet har en toneangivende spiller, der med fordel kan neutraliseres. I undertal skal vi gradvist arbejde med at dække 4:1 for at vinde initiativ
- Vi skal være meget tacklende og afvise alt på "vores" side af 3M-linjen
- Der skal arbejdes med parader i samarbejde med målvogter
- Forsvaret skal være kommunikativt

Sæsonens fire faser

1. Før sommerferien (maj-juni)
2. Opstartsfase (august-september)
3. Første turneringsfase (oktober-december)
4. Anden turneringsfase (januar-marts/april)

1. Før sommerferien (maj-juni)

Overordnet mål:
Identificering af spillernes færdigheder og kompetencer – social indkitning

Træning:
- 2 x træning i hal pr. uge á 2 timer – spillerne skal møde opvarmet ved træningsstart. Træning tilrettelægges ud fra at spillerne er opvarmet.
- Alternativ træning – samarbejdsøvelser m.m.

Hal:
- Almen boldtræning (kaste- og gribe i løb, grundspil med tempo m.v.)
- Angrebstræning (kontra, pres-, kryds- og overgangsspil, aftaler 2/2 – sidst i forløbet måske opstart på angrebsåbninger)
- Forsvarstræning
- Målvogtertræning
- Spilpraksis

Øvrigt:
- Iagttagelse af spillere, korte individuelle samtaler
- Træningskampe
- Sociale arrangementer

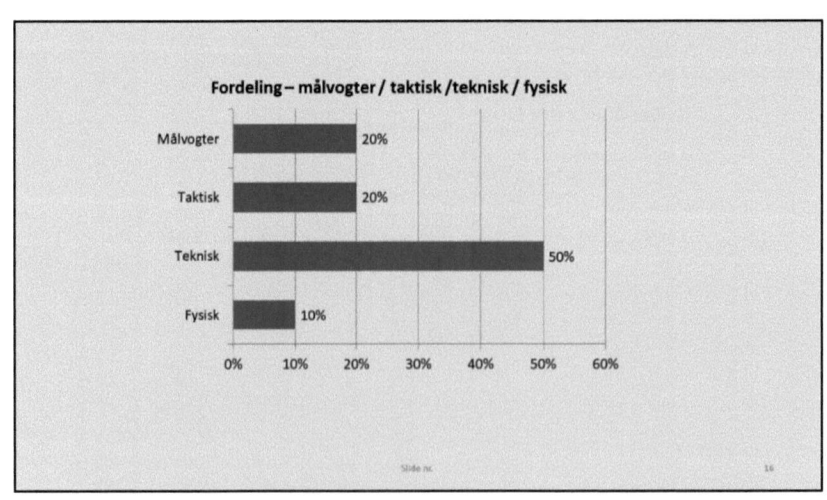

2. Opstartsfase (august-september)

Overordnet mål:
Opbygge fysiske og spillemæssige færdigheder frem mod turneringsstart

Træning:
- 2 x træning i hal pr. uge á 2 timer
- Løb før træning ca. 30 minutter
- Selvtræning 2 x løb pr. uge, styrkeprogram
- Styrke-/koordinationstræning indlagt i træningen

Løb:
- August primært konditionsopbyggende (lange interval og kortere distancer)
- September begyndende hurtighedstræning (lange og korte interval og korte spurter)

---

2. Opstartsfase (august-september) - fortsat

Hal:
- Koordinations-, balance- og springtræning med indlagt fysisk træning. Primært måtte- og stigetræning
- Almen boldtræning (kaste- og gribe i løb, grundspil med tempo m.v.)
- Angrebstræning (kontra, angrebsåbninger, pres-, kryds- og overgangsspil, aftaler 2/2 m.m.)
- Forsvarstræning – defensive og offensive varianter – sammensat og individuelt
- Målvogtertræning
- Spilpraksis
- Individuel angrebstræning – spidskompetencer og udviklingsområder – gradvis fokus på pladsspecifik træning

Øvrigt:
- Træningsstævne/-weekend
- Træningskampe
- Løbetests
- Korte statusmøder af 5-10 min. varighed med spillerne
- Sociale arrangementer

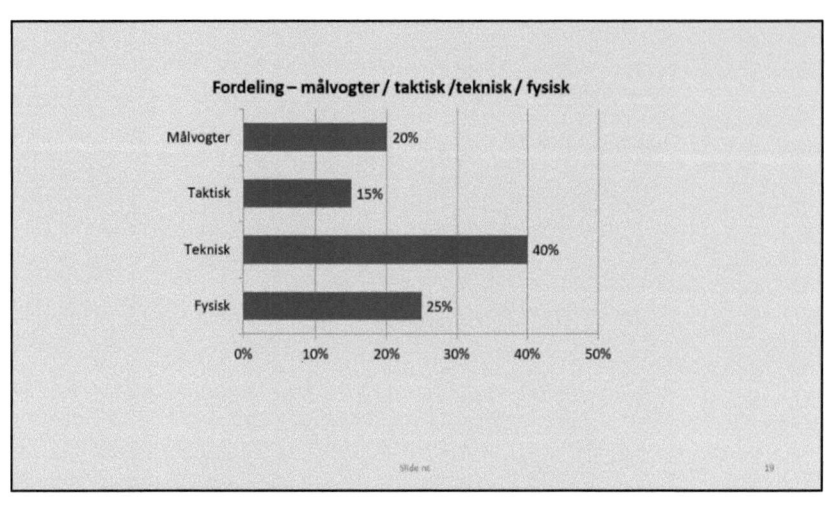

Fordeling – målvogter / taktisk /teknisk / fysisk

---

3. Første turneringsfase (oktober-december) - fortsat
4. Anden turneringsfase (januar-marts/april) - fortsat

Fase 3 og 4 er træningsmæssigt stort set ens – det handler om primært behov, sekundært fokus, dosering og intensitet i træningen og tertiært om at måle den mentale temperatur på holdet. Og så handler det fra sidst i fase 3 henover fase 4 om at have fokus på udviklingsområder, afdækket undervejs, samt vedligehold og udvikling af allerede opnåede færdigheder

Træning:
- 2 x træning i hal pr. uge á 2 timer
- Løb før træning ca. 30 minutter
- Selvtræning 2 x løb pr. uge, styrkeprogram
- Styrke-/koordinationstræning indlagt i træningen

Løb:
- 1 x distance, alternativt lange intervaller
- 1 x hurtighedstræning (korte spurter – korte intervaller)

3. Første turneringsfase (oktober-december)
4. Anden turneringsfase (januar-marts/april)

Mål:
- Koordinations-, balance- og springtræning med indlagt fysisk træning. Primært måtte- og stigetræning, sekundært stepbænke.
- Almen boldtræning (kaste- og gribe i løb, grundspil med tempo m.v.)
- Angrebstræning (kontra, angrebsåbninger, pres-, kryds- og overgangsspil, aftaler 2/2 m.m.)
- Forsvarstræning – defensive og offensive varianter – sammensat og individuelt
- Målvogtertræning
- Spilpraksis
- Individuel angrebstræning – spidskompetancer og udviklingsområder – gradvis fokus på pladsspecifik træning

Øvrigt:
- Turneringskampe
- Eventuelle træningskampe, hvis behov
- Løbetests
- Spillermøder, hvis relevant
- Korte statusmøder af 5-10 min. varighed med spillerne
- Sociale arrangementer

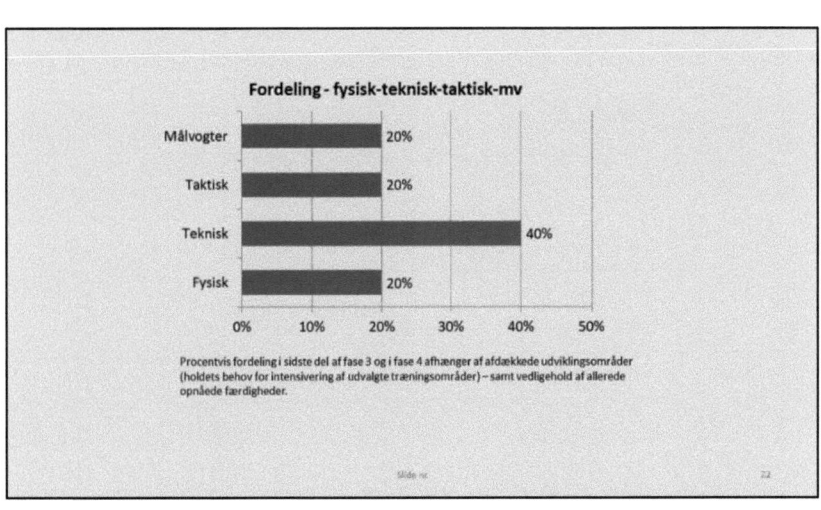

Procentvis fordeling i sidste del af fase 3 og i fase 4 afhænger af afdækkede udviklingsområder (holdets behov for intensivering af udvalgte træningsområder) – samt vedligehold af allerede opnåede færdigheder.

Praktik - 1

- Træning i hal 2 x 2 timer pr. uge – løb 30 minutter før hver træning

  Sommertræning:
  Tirsdage i HAL A kl. tt-tt (mødetid tt – intet løb)
  Torsdage i HAL B kl. tt-tt (mødetid tt – intet løb)
  Team-arrangementer 1-2 lørdage (TBA)

  Vinter:
  Kendes endnu ikke – men sandsynligvis én tidlig en sen tid
  (tt-tt/tt-tt) i HAL A

- Kommunikation
  Der oprettes lukket facebookside til deling af dokumenter, meddelelser
  m.m.

Praktik - 2

- Afbud senest 24 timer før træningsstart. Afbud på dagen kun sygdom, arbejde
  og skole (selvdisciplin!)

Når vi er i hallen og træningen er startet, så husk:

*"Hvis A er det samme som succes, så er formlen sådan: A=X+Y+Z.
X er arbejde. Y er leg. Z er at holde din mund lukket imens."*
                              - Albert Einstein

Vigtige datoer

Træningsstart, sommer:
Uge xx, tirsdag dd.dd i HAL A

Sidste træning før sommerpause:
Uge yy, torsdag dd. dd i HAL A

Træningsstart, vinter:
Uge 31, torsdag 1. august (nærmere info følger)

Kontakt:

TRÆNER AA
Mobil   2468 1357
Mail   mail@mailaa.dk

TRÆNER BB:
Mobil   1234 5678
Mail   mail@mailbb.dk

HOLDLEDER CC:
Mail   mail@mailcc.dk

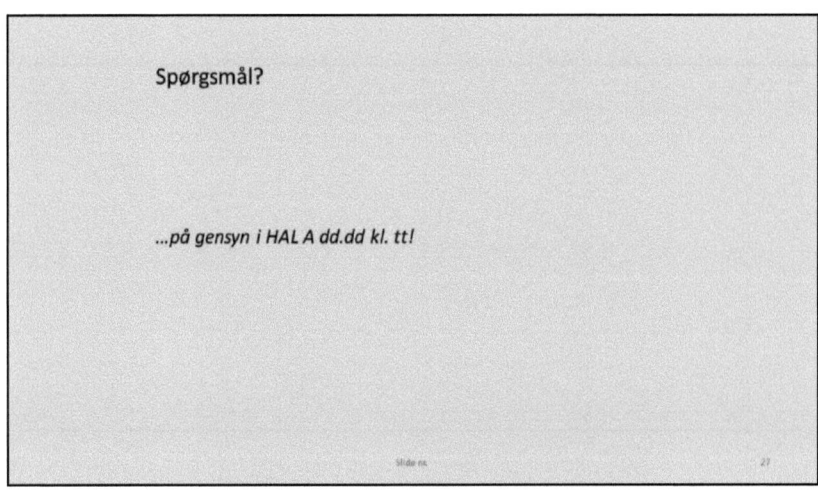

Opstartsmøde

XXX

sæsonen 20xx/20xy

dd.mm.yyyy

Mission...

Opgaven:

At gøre XXX til et alternativ til de store klubber omkring os – fordi det også skal være sjovt at spille håndbold!

Mission...

Det sportslige mål:

Hold 1:

Stabilisering i rækken og oprykning i løbet af de næste 2 sæsoner

Hold 2:

Stabilisering i rækken, sikre spillerfundament

Overordnet:

Fastholde de talenter i klubben, der kommer op igennem ungdomsrækkerne

Trænerteam...

A...Cheftræner

B...Assistenttræner

C...Træner hold 2

Trænerteam...

Kort præsentation af A:

Trænerteam...

Kort præsentation af B:

Trænerteam...

Kort præsentation af C:

Staff...

Udover trænerteamet skal tilknyttes...

- Manager/bestyrelseskontakt
- En holdleder til hvert hold
- Fysioterapeut

TBA

Hvad vil vi...?

"Vi skal ville det gode og udfordrende træningsmiljø, hvor vi sammen kan udfordre kollektivet gennem individuel udvikling."

"Spillerne skal gennem målrettet, udviklende og innovativ træning skoles og forberedes til et fremtidige udfordringer."

"Der vigtigt at huske, at vi ikke kun arbejder for det kortsigtede mål (oprykning), men også på at sammensætte og sammenspille en trup, der skal være rustet til fremtidige opgaver i rækker med større sportslige udfordringer."

"Vi skal kunne inkludere de ungdomsspillere, der bliver seniorer, det er klubbens fremtid."

Metode...

Praktisk...

- Træning i hal 2 x 2 timer pr. uge
- Løb 30-45 minutter før haltræning
- Selvtræning efter program, primært løb
- Spille masser af træningskampe mod så stærke modstandere som muligt
- Tilmeldes pokalturneringer

Metode...

Vi skal som basis

- kunne kaste og gribe i fart og under pres
- spille spillet så simpelt som muligt
- Med udgangspunkt i en solid defensiv arbejde intensivt med kontraspillet; ofte med målvogteren som aktiv angrebsstarter ... og gerne via "hurtig midte"

Forudsætninger...

- Vi skal holde fokus på at minimere fejl
- Vi skal være i stand til at kaste og gribe i højt tempo
- Vi skal spille kampene som selvstændigt tænkende individer, men vi skal vinde dem som et kollektiv
- Vi skal have fokus på teamet; ingen enkeltperson er vigtigere end holdet
- Vi skal være opmærksomme på, at alle på holdet har en funktion, ikke nødvendigvis lige vigtig, men ingen kan undværes
- Vi skal være opmærksomme på vores sociale adfærd, behandl andre, som du selv vil behandles
- Vi skal respektere hinandens forskelligheder
- Vi skal have den korrekte indstilling til træning og kamp; vi skal have vindermentalitet ... *på den gode måde!*

Tanker om angrebsspillet...

- Som udgangspunkt skal vi spille med stor tålmodighed i det etablerede angrebsspil
- Vi skal spille med aktiv styring
- Vi skal bruge vores stregspiller aktivt; ikke kun som passiv screeningsspiller
- Vi skal forsøge at spille pres-, overgangs- og krydsspil som et naturligt element af spillet; ikke noget, der skal styres eller startes – ikke et specifikt system, men aftaler mellem 2 eller 3 spillere
- Vi skal som minimum kunne spille 2-3 åbninger mod 6:0 og 1-2 mod 5:1 forsvar – *og kunne improvisere ud fra dem*
- I overtal skal vi spille bredt og gå efter afslutning fra én af de to backs eller center. Alternativt spille 4-2. Enten ved udskiftning, så der bringes 2 stregspillere på banen, eller ved overgangsspil fra center/back
- I undertal spiller vi altid uden stregspiller; streg går på fløj efter træneranvisning, eller udskiftes
- Vi skal løbe kontra hver gang – gradvist arbejde med systematik i løbebaner (stort kryds m.m.)
- Vi skal arbejde med individuel spilforståelse – i kollektiv sammenhæng

Tanker om forsvarsspillet...

- Som udgangspunkt dækkes 6:0 – gradvis indarbejdning af 3:2:1
- Alternativt 5:1
- Ved returløbsforsvar skal vi som udgangspunkt generer modstanderholdets opspil mest muligt for at forhindre kontra og give tid til at selv at komme på plads forsvarsmæssigt
- I overtal dækkes normalt, alternativt med personlig opdækning, hvis modstanderholdet har en toneangivende spiller, der med fordel kan neutraliseres. I undertal skal vi gradvist arbejde med at dække 4:1 mod hold, der er usikre i boldomgang i angrebet
- Vi skal være meget tacklende og afvise alt på "vores" side af 3M-linjen
- Der skal arbejdes med parader i samarbejde med målvogter
- Forsvaret skal være kommunikativt

"Spilleregler" ...

- Vær omklædt til tiden
- Husk altid – rettidigt - afbud til træning
  - (ingen afbud til kamp...)
- Hav styr på egne ting/opgaver
- Hav altid rette påklædning (både til løb og i hal)
- Giv dig fuldt ud i alle øvelser
- Vær positiv og glad
- Spis rigtigt inden træning
- Medbring altid egen drikkedunk til træning
- Sørg for at rydde op efter dig selv – specielt til træning!

Tidsplan 1. halvsæson (overordnet)...

April yyyy	Tirsdag dd.mm	Præsentations- og opstartsmøde
		Opstart efter pause – første træning i ny sæson
Maj yyyy	Torsdag dd.mm	Slut før ferie – sidste træning før ferie
Juni - Juli yyyy	Tirsdag dd.mm	Opstart efter ferie – første træning (hvis ikke haltid – så kun løb)
August yyyy	Torsdag dd.mm	Opdeling 1. og 2. hold [1]
	?	Arbejder på...
		1. hold: Træningstur til BY, KLUB, Sverige (afgang fredag middag – træning + kampe lørdag [2] – træning + kamp søndag [2] – hjem søndag middag) – 14 spillere + ledere (transport ca. 6½ time i bil...)
September yyyy	?	1. hold + 2. hold: Træningsstævne (weekend – gerne uden overnatning – Roskilde? Bjæverskov?)
	?	Turneringsstart

[1] Som udgangspunkt 14 mands 1. holdstrup – resten 2. hold
[2] 3 kampe mod lokale, svenske hold, egen træning og eventuel samtræning med ABCDEFGH Damhandbol!
Inivaeu lige ombring kvalifikationsraekken i – division 4 i Sverige.

Tidsplan (detail)...

April - maj xxxx   -   2 x træning i hal pr. uge á 2 timer – spillerne skal møde opvarmet ved træningsstart.
Træning tilrettelægges ud fra at spillerne er minimum 80% opvarmet.

Hal:
- Almen boldtræning (kaste- og gribe i løb, grundspil med tempo m.v.)
- Kontra
- Introduktion til fælles forståelse i angrebsspillet (angrebsåbninger, pres-, kryds- og overgangsspil, aftaler 2/2 m.m.)
- Angrebsspil generelt, herunder afdække individuelle spidskompetencer
- Forsvarstræning – (måske) opstart på offensiv variant (3:2:1), "finde hinanden" i 6:0
- Målvogtertræning

Øvrigt:
- Spillermøde ved opstart og kort før ferie (opstartsmøde = præsentationsmøde)
- Eventuelt træningskampe
- Iagttagelse af spillere
- "Interne" trænermøder

Tidsplan (detail)...

Juni-juli yyyy   Sommerferie
- Selvtræning: løb efter program (2 x uge)

Tidsplan (detail)...

August yyyy
- 2 x træning i hal pr. uge á 2 timer
- Løb før træning ca. 45 minutter
- Selvtræning: løb efter program (2 x uge)

Løb:
- Primært konditionsopbyggende – distance og interval

Hal:
- Koordinations-, balance- og springtræning med indlagt let fysisk træning ca. 20 min. hver træning (ved træningsstart). Primært måtte- og stigetræning, sekundært stepbænke.
- Almen boldtræning (kaste- og gribe i løb, grundspil med tempo m.v.)
- Kontra
- Fælles forståelse i angrebsspillet (angrebsåbninger, pres-, kryds- og overgangsspil, aftaler 2/2 m.m.)
- Individuel angrebstræning – spidskompetencer og udviklingsområder
- Forsvarstræning (6:0 og offensiv variant) – sammensat og individuelt
- Målvogtertræning

Øvrigt:
- Træningsweekend
- Træningskampe
- Spillermøde ved holdopdeling
- Udtage 14-mandstrup til 1. hold medio august
- Fysiske tests
- "Interne" trænermøder

Tidsplan (detail)...

September yyyy
- 2 x træning i hal pr. uge á 2 timer
- Løb før træning 45 minutter
- Selvtræning: løb efter program (2 x uge)

Løb:
- Konditionsopbyggende (interval og distance) og begyndende hurtighedstræning (interval og korte spurter)

Hal:
- Koordinations-, balance- og springtræning med indlagt let fysisk træning ca. 20 min. hver træning (ved træningsstart). Primært måtte- og stigetræning, sekundært stepbænke.
- Almen boldtræning (kaste- og gribe i løb, grundspil med tempo m.v.)
- Kontra
- Fælles forståelse i angrebsspillet (angrebsåbninger, pres-, kryds- og overgangsspil, aftaler 2/2 m.m.)
- Individuel angrebstræning – spidskompetencer og udviklingsområder – gradvis fokus på pladsspecifik træning
- Forsvarstræning (6:0 og offensiv variant) – sammensat og individuelt
- Målvogtertræning

Øvrigt:
- Træningsstævne/-weekend
- Fysiske tests
- Korte statusmøder af 5-10 min. varighed med spillerne (under træningen)
- "Interne" trænermøder

Tidsplan (detail)...

Oktober yyyy- marts yyy2	- 2 x træning i hal pr. uge á 2 timer - Løb før træning 30 minutter - Selvtræning: løb efter program (2 x uge)

Løb:
- 1 x distance alternativt lange intervaller
- 1 x hurtighedstræning (korte spurter – korte intervaller)

Hal:
- Koordinations-, balance- og springtræning med indlagt let fysisk træning ca. 20 min. hver træning (ved træningsstart). Primært måtte- og stigetræning, sekundært stepbænke.
- Almen boldtræning (kaste- og gribe i løb, grundspil med tempo m.v.)
- Kontra
- Fælles forståelse i angrebsspillet (angrebsløbninger, pres-, kryds- og overgangsspil, aftaler 2/2 m.m.)
- Individuel angrebstræning – fokus på udvikling gennem pladsspecifik træning
- Forsvarstræning (6:0 og offensiv variant) – sammensat og individuelt
- Målvogtertræning

Øvrigt:
- Turneringskampe
- Eventuelle træningskampe, hvis behov
- Fysiske tests
- Spillermøde, hvis relevant
- Korte statusmøder af 5-10 min. varighed med spillerne (under træningen)
- "Interne" trænermøder

Praktik "lige-her-og-nu"...

Frem til sommerferien trænes:

Tirsdage og torsdage i XXX hallen kl. tt.mm-
tt.mm

Afbud:

Senest 24 timer før træningsstart – senere
afbud kun ved sygdom og/eller akut arbejde!

Kontakt...

A   Tlf. 1234 5678

                Mail: mail@maila.dk

B   Tlf. 4321 8765

                Mail: mail@mailb.dk

C   Tlf. 2468 1357

                Mail: mail@mailc.dk

BONUS: KIS-modellen til brug ved spillermøder og -samtaler

Og nej, det er ikke *den* KIS-model: Keep It Simple! Det er en model, der forklarer spillerne, hvilke egenskaber, jeg kigger på og hvor meget de vægter i det samlede billede, når jeg f.eks. skal vælge mellem to spillere, der bejler til samme plads. Jeg tror alle kender det: Vi har den der gode spiller, der er *så* vigtig for holdet, men som af forskellige årsager ikke træner helt lige så meget som Flittig Lise, der altid kommer til træning, men som bare ikke helt har flair for det der håndbold… Hvad gør du? I det her tilfælde er eksemplet fra da jeg trænede et U19 pigehold, hvor jeg vidste at der var et par stykker af begge kategori. Og ja, jeg valgte at prioritere at udvikle på Flittig Lise'erne til træning, men måske ikke bruge dem helt så meget i kampene. Derfor procentfordelingen. Og? Den ene udviklede sig faktisk henover sæsonen fra at spille 5 minutter her og der til at blive direkte konkurrent til "nummer 1 på pladsen". Så er det sjovt at være træner, men det er en helt anden historie… Du skal til enhver tid – hvis du vælger at bruge modellen – selvfølgelig overveje nøje, hvordan dine "procenter" ser ud i forhold til det givne hold, du træner. Det kan spare dig for lidt palaver i løbet af sæsonen, fordi du på forhånd har tilkendegivet retningslinjerne. Som altid kan revideres undervejs, selvfølgelig! Det er jo dig, der bestemmer

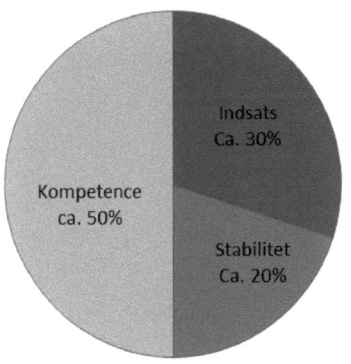

KIS-modellen
(hvad kigger jeg på?)

Kompetence:
Hvad kan hun?
Kan jeg udvikle hende?

Indsats:
Giver hun sig fuldt og
helt til træning?
- Hver gang?

Stabilitet:
Kommer hun til træning
så tit som muligt?
Mange "løse" afbud?

Jeg har *også* skrevet...

"Rundt om bolden ... en håndbog for håndboldtræner og -spiller" 2019
"Fysisk træning i håndbold" 2020

Håndboldtipsserien:
"Håndboldtips – 725 træningsøvelser til håndbold" 2. udgave 2017, 1. udgave 2008 (Forlaget Djurs)
"*Flere* håndboldtips – 626 træningsøvelser til håndbold (+2)" 2. udgave 2017, 1. udgave 2010 (Skriveforlaget)
"Håndboldtips 3 – 585 træningsøvelser til håndbold)" 2. udgave 2017, 1. udgave 2013
"Håndboldtips til træning og teori – 242 træningsøvelser til håndbold... og lidt teori" 2. udgave 2018, 1. udgave 2017
"Femte håndboldtips – 333 træningsøvelser til håndbold" 2018
"Sjette og de sidste håndboldtips – 306 træningsøvelser til håndbold" 2019

Håndboldtips' temahæfter:
"Træningsøvelser for stregspilleren" 2019
"Træningsøvelser for fløjspilleren" 2019
"Træningsøvelser for bagspilleren" 2019
"Træningsøvelser for målvogteren" 2019
"Træningsøvelser til generelt forsvarsarbejde" 2019
"Træningsøvelser og teori til specifikke forsvarsformationer" 2019
"Angrebsåbninger" 2019
"Træningsøvelser til gennembrud, kryds, overgange, pres og screeninger" 2019
"Træningsøvelser til afleveringer (kaste-gribe)" 2019
"Træningsøvelser til springhæk, stepbænk og stige" 2019
"Træningsøvelser til afslutninger" 2019
"Træningsøvelser til kontra" 2019
"Håndboldrelaterede spil og lege" 2019
"Træningsøvelser til løb i hallen, fodarbejde m.m." 2019

Træningstipsserien:
"Træningstips 1: Små spil og lege" 2018

"Træningstips 2: Løbetræning" 2018

"Træningstips 3: Opvarmning og almen styrketræning" 2018

"Træningstips 4: Balance, koordination og udstrækning" 2018

"Træningstips 5: Hop, hurtige fødder og øvelser til vippebræt" 2018

Alle bøger udgivet på BoD – Books on Demand, undtagen hvor andet er angivet.

www.peter-schmidt.dk
www.haandboldtips.dk

"A clear vision, backed by definite plans, gives you a tremendous feeling of confidence and personal power."

Brian Tracy (1944 -), canadisk-amerikansk forfatter, motiverings- og managementekspert.